Mélanie Voituriez

Petits riens pour chambre d'enfant

couture déco

photographe : Julien Clapot

l'inédite

collection *Atelier du fil*

L'univers enchanteur d'Anne-Pia
par Anne-Pia Godske Rasmussen

L'arche de Noé d'Anne-Pia
par Anne-Pia Godske Rasmussen

Sacs et accessoires d'Anne-Pia
par Anne-Pia Godske Rasmussen

Les appliqués brodés de Lucie
par Delphine Mongrand

Petits riens en Liberty
par Mélanie Voituriez

Tendre couture d'Anne Pia
par Anne-Pia Godske Rasmussen

Ours en patchwork
par Dorthe Jollmann

Les sacs de Julie
par Julie Kleim

L'atelier couture de Lucie : patchwork et appliqué brodé
par Delphine Mongrand

Souvenirs de Chine à broder
par Claudine Orsini-Le Coq

Broderies au fil de la maison
par Catherine Le Bars et Christel Elbaz

L'atelier de Lilie
par Valérie Caterin

Nouvelles création d'Anne-Pia : couture et patch
par Anne-Pia Godske Rasmussen

Atelier d'Éole : couture, broderie & tricot pour la maison
par Delphine Pohu

Les abécédaires de Lucie : patchwork et appliqué brodé
par Delphine Mongrand

© L'inédite
6, rue Deguerry
75011 Paris
Tél. : 01 40 21 35 42
www.editionslinedite.com

isbn : 978-2-35032-209-4

achevé d'imprimé en juillet 2011
sur les presses de l'imprimerie Stige en Italie

dépôt légal
3e trimestre 2011

Sommaire

Préface

Si comme moi vous trouvez que les objets de décoration pour chambre d'enfant sont inabordables dès qu'ils sont jolis, pratiques et dans des couleurs qui sortent du rose et du bleu layette, alors ce livre est pour vous !

J'ai essayé d'y proposer des objets à la fois basiques, originaux et ludiques qui plairont aussi bien aux petits qu'à leurs mamans !
Bien sûr, à vous de laisser travailler votre imagination pour combiner les formes et les motifs proposés dans ce livre avec vos tissus préférés, afin d'obtenir une déco unique à l'image de vos enfants !

Merci à mes enfants Mahaut et Balthazar de m'inspirer au jour le jour, et à Olivier d'être à mes côtés.

Merci à Julien pour ses magnifiques photos et à Gi pour sa bonne humeur et son soutien tout au long de cette aventure.

Merci aux fournisseurs de tissus qui n'ont pas hésité à m'aider pour ce projet :
Nicolas de la Maison Stragier pour les Liberty, les velours et la laine bouillie
(http://tissusliberty.blogspot.com)
(http://cotonsunis.blogspot.com)
France Duval Stalla pour ses magnifiques baptistes et popelines
(http://franceduvalstalla.blogspot.com)
Nathalie Linna Morata pour ses cotons aux imprimés vitaminés !
(http://www.linnamorata.com)

Merci à Trousselier et Christelle Lardenois pour l'apparition de la poupée Nioui (page 66 - maison de poupée) et à Pénélope pour l'apparition de la poupée Happy to see you (page 82 - valisette).

Merci aux créatrices et copines blogueuses dont les créations apparaissent au fil des pages de ce livre:
Soizic (Atelier Charivari), Cath,
Olivia (Home & Vintage), Claire, etc.....

Fournitures et matériel

Ciseaux (1)
N'hésitez pas à investir dans de bons ciseaux de couture, qui seront beaucoup plus précis et confortables pour vous.

Crayon (2)
Pour reporter les pièces de patron sur le tissu, utilisez un crayon à papier ou un feutre textile lavable.

Règle à patchwork (3)
Il en existe de différentes tailles. Elles sont très pratiques pour dessiner une forme rectangulaire directement sur l'envers du tissu.

Aiguilles et épingles (4)
Les tissus légers comme les baptistes et le Liberty se cousent avec des aiguilles très fines (n° 70), mais si vous cousez un tissu plus épais, adaptez la grosseur de l'aiguille. Pour assemblez les différentes pièces de tissu avant la couture, utilisez des épingles fines en acier.

Fil (5)
Choisissez un fil de même tonalité que le tissu à coudre, sauf si vous désirez un effet contrasté.

Tissu (6)
Avant d'en découper les différentes pièces, je vous conseille de laver le tissu ; en effet, les tissus en coton ou en lin ont tendance à rétrécir légèrement au premier lavage.

Viseline (7)
Pour réaliser certains ouvrages de ce livre, j'ai utilisé de la viseline thermo-collante non-tissée d'épaisseur moyenne ; cela permet de consolider et d'épaissir le tissu sur lequel elle est collée.

Rembourrage (8)
J'utilise trois sortes de rembourrage : le kapok (vendu en sachet), la ouatine (vendue au mètre) et le Jeffytex, qui est un molleton rigide.

Fermetures éclair (9)
Je privilégie les fermetures à glissière à dents en plastique, parce qu'on peut coudre sur les dents, ce qui présente un avantage lorsqu'on réalise une trousse, par exemple.

Reproduction des patrons

Les patrons donnés dans le livre sont tous de taille réelle, marges de couture comprises (sauf indication contraire).

Photocopiez-les sur un papier un peu épais puis découpez-les, ou décalquez-les avec du papier calque ou du papier de soie. Posez-les sur l'envers du tissu bien repassé, en respectant bien le droit fil, épinglez puis marquez un tracé tout autour à l'aide d'un crayon à papier ou d'un feutre textile.

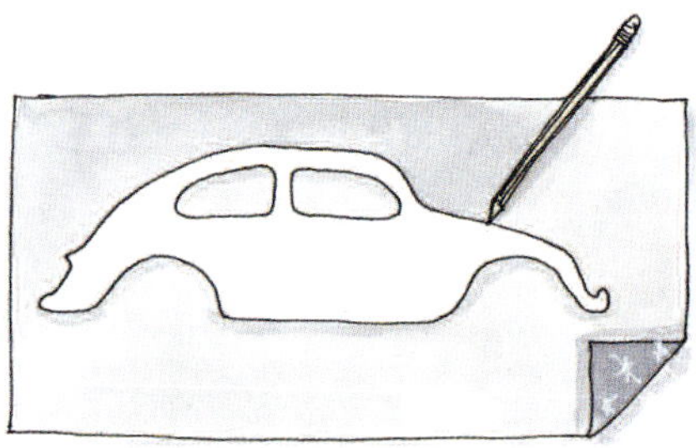

Lorsque sur le patron figure la mention « pliure sur droit fil », cela signifie qu'il faut plier le tissu en deux endroit contre endroit, puis poser le patron au ras de ce pli, épingler puis découper l'ensemble.

Couture

Avant de coudre un tissu, faites un essai dans une chute du même tissu pour régler la taille de point et la tension.

Le point droit

C'est le point de base. En début et en fin de couture, faites quelques points arrières (ou points d'arrêt) pour consolider la couture.

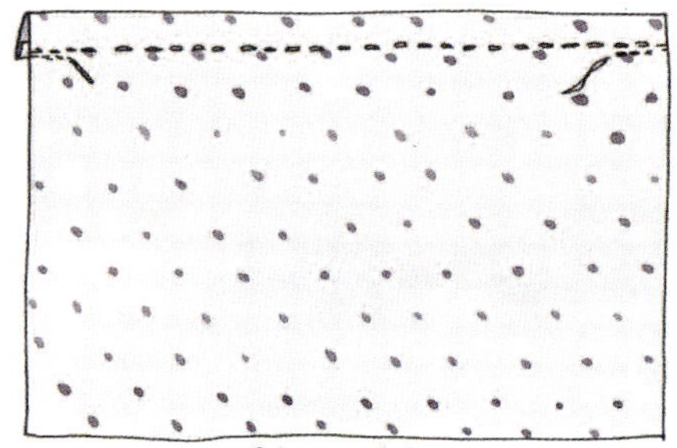

– POINT DROIT –

Pour bâtir, vous pouvez utiliser ce point en le réglant à sa taille maximum.

Le point zigzag

Je l'utilise beaucoup pour appliquer des motifs en tissu sur les ouvrages.

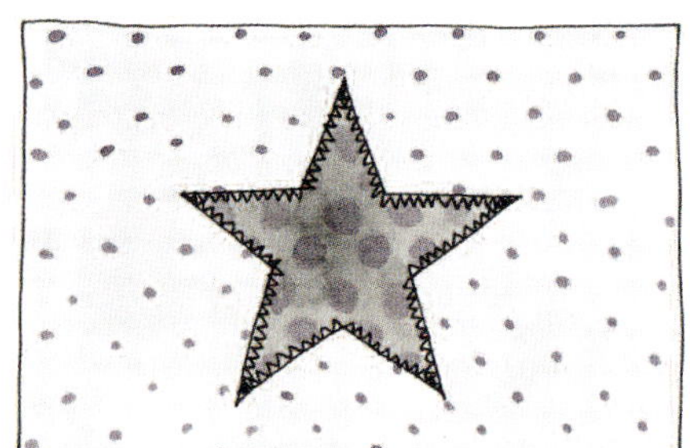

– POINT ZIGZAG –

Le point glissé

Je l'utilise pour refermer les deux parties d'une ouverture.

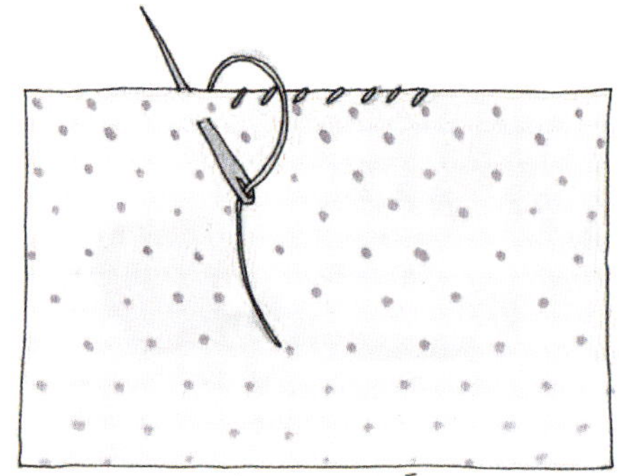

– POINT GLISSÉ –

Couture d'un angle droit

Pour obtenir un angle net, coupez la pointe de l'angle avant de la retourner sur l'endroit.

Couture en arrondi

Après avoir cousu, recoupez la couture à 0,5 cm du bord puis crantez tout le long de la couture.

Quelques techniques

Confection d'un yoyo

- Découpez un cercle de tissu.

- Bâtissez un petit rentré de quelques mm tout autour, repassez puis tirez sur le fil et faites un nœud solide.

Points de broderie

Deux points de broderie sont utilisés dans les ouvrages de ce livre. Pour broder, utilisez une aiguille à broder et du coton perlé ou mouliné (voir liste des fournitures).

- Point de feston

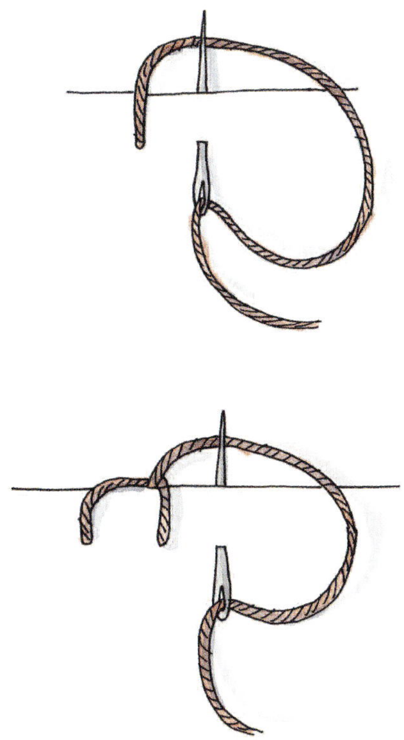

- Point de tige

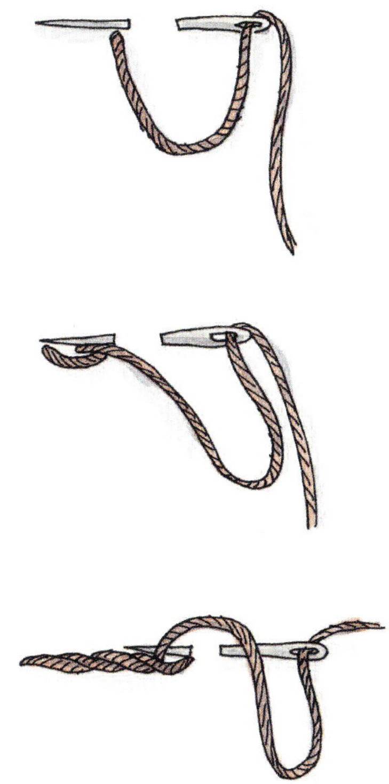

Chambre de bébé

Mobile

Taille du mobile : 50 cm de hauteur et 18 cm de côté

Fournitures

Popeline de coton encre (pour la base) : 20 x 36 cm

Popeline de coton banane (pour la base et la chouet-te) : 32 x 36 cm

Baptiste orageuse à pois (pour l'étoile à suspendre et les pattes de la chouet-te) : 15 x 30 cm

Piqué de coton à pois (pour les nuages) : 32 x 22 cm

Liberty Mitsy gris (pour le nuage et les étoiles appli-quées) : 22 x 22 cm

Liberty Mitsy rouge (pour les ailes de la chouette et les étoiles appliquées) : quelques chutes

Baptiste orageuse à étoiles (pour les liens) : une bande de 169 x 2,5 cm

– Jeffytex (pour rigidifier la base) : 36 x 13 cm
– Viseline
– Kapok
– Coton mouliné noir
– 1 anneau en métal ou en plastique de 2,5 cm de diamètre

Coupe

• Base du mobile : coupez quatre rectangles de 20 x 9 cm dans la popeline encre (extérieur de la base) et dans la popeline banane (doublure de la base).

• Étoiles à appliquer : découpez deux fois dans le Liberty gris et deux fois dans le Liberty rouge, après avoir thermocollé la viseline sur l'envers du tissu.

• Chouette : découpez la forme de la chouette deux fois dans la popeline Banane. Découpez quatre pattes (deux rectos, deux versos) dans la baptiste à pois, après avoir thermocollé la viseline sur l'envers du tissu. Découpez les ailes quatre fois (deux rectos, deux versos) dans le Liberty rouge.

• Nuages : découpez le nuage quatre fois (deux rectos, deux versos) dans le piqué de coton, et deux fois (un recto, un verso) dans le Liberty gris.

• Étoile à suspendre : découpez deux fois dans la baptiste à pois.

• Doublure de la base du mobile : coupez quatre rectangles de 18 x 6, 5 cm dans le Jeffytex.

Réalisation

- Formez un lien de 6 mm de large avec la bande de baptiste à étoile, en utilisant un appareil à biais de 12 mm. Si vous n'avez pas d'appareil à biais, vous pouvez utiliser un biais acheté dans le commerce, ou tout simplement un ruban assorti à votre tissu.

- Formez les ailes de la chouette en posant un recto et un verso endroit contre endroit, et en piquant les arrondis à 0,5 cm du bord (ill. 1). Crantez les arrondis puis retournez sur l'endroit. Repassez bien, puis remplissez-les avec un peu de kapok.

- Formez les pattes en posant un recto et un verso envers contre envers et en piquant tout autour à 2 mm du bord pour les assembler.

- Sur une des formes de chouette, reportez les motifs au feutre textile puis brodez-les au point avant avec deux brins de coton mouliné (voir photo de détail).

- Assemblez la chouette en bâtissant les ailes, les pattes et un lien de 33 cm sur le recto brodé (ill. 2). Posez par dessus le verso (endroit contre endroit) et piquez tout autour à 0,5 cm du bord, en laissant une ouverture de quelques centimètres sur un côté, et en prenant garde de laisser dépasser le lien par cette ouverture (ill. 3).

- Coupez les angles et crantez les arrondis, puis retournez sur l'endroit par l'ouverture laissée. Repassez, garnissez de kapok puis fermez l'ouverture à points glissés.

- Pour former les nuages, bâtissez les liens sur le recto (19 cm pour les nuages à pois, 10 cm pour le nuage en Liberty) à l'endroit indiqué sur le patron, puis posez le verso endroit contre endroit.

- Piquez tout autour à 0,5 cm du bord, en laissant une ouverture de quelques centimètres sur un côté (ill. 4). Crantez les arrondis, retournez sur l'endroit, repassez, garnissez de kapok puis fermez l'ouverture à points glissés.

- Formez l'étoile en procédant de la même façon (avec un lien de 10 cm).

- Appliquez une étoile en Liberty au centre de chaque rectangle de popeline encre, en piquant tout autour à 2 mm du bord.

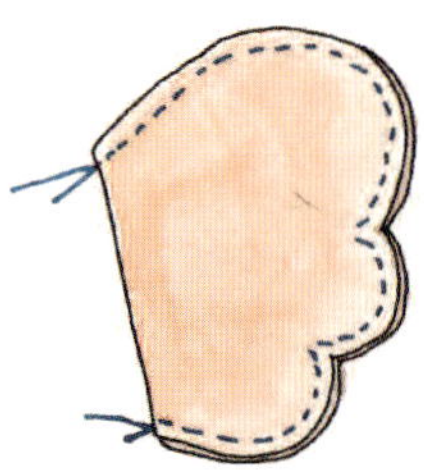

-1-

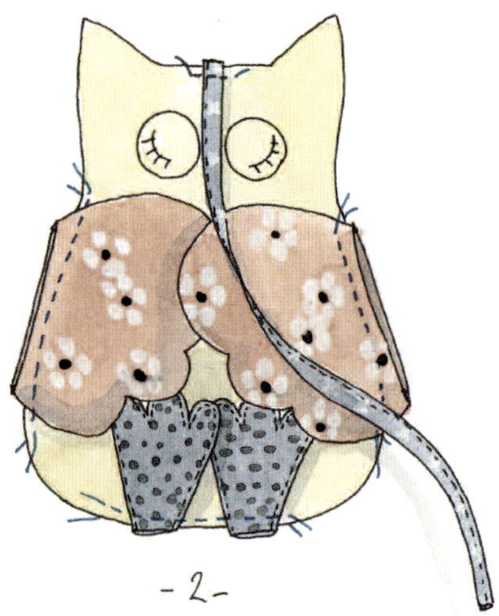

-2-

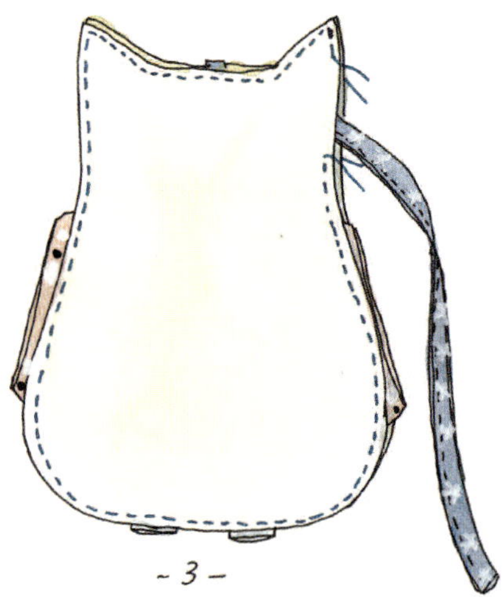

-3-

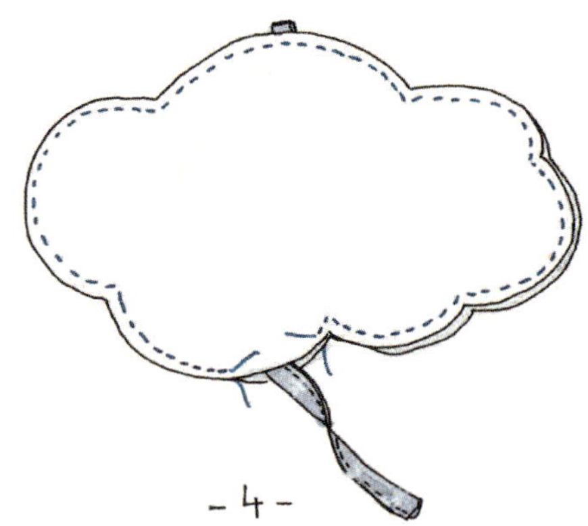

-4-

• Découpez deux liens de 39 cm.

• Assemblez les rectangles ornés d'étoiles à leur doublure (popeline banane) par leurs grands côtés, en prenant les liens dans la couture, et en piquant à 1 cm du bord (ill. 5).

• Les rectangles avec une étoile rouge doivent être reliés par le même lien, ainsi que ceux avec les étoiles grises.

• Assemblez ensuite l'ensemble en reliant les rectangles par leurs petits côtés (en piquant à 1 cm du bord), et de façon à ce que les liens forment une croix au centre (ill. 6).

• Avec le fer à repasser, marquez un rentré de 1 cm sur l'envers, tout autour de chaque bordure (ill. 6 bis).

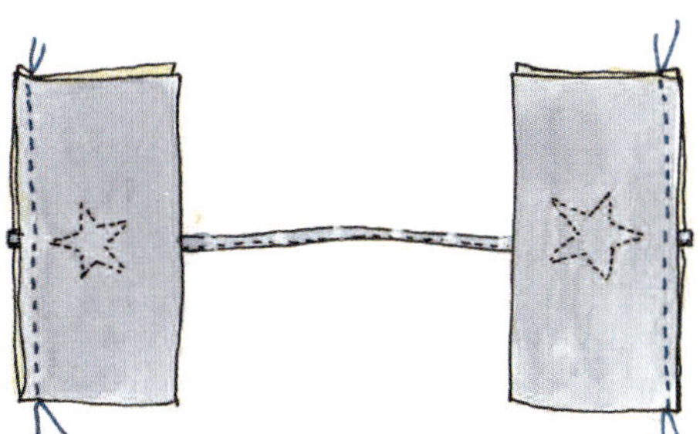

- 5 -

• Rabattez la base extérieure sur sa doublure, envers contre envers. Glissez les rectangles de Jeffytex entre les deux épaisseurs, puis épinglez les formes à suspendre (en glissant les liens sur 1 cm à l'intérieur de la base).

• Piquez tout autour à 2 mm du bord (ill. 8). Piquez ensuite sur les coutures des petits côtés pour maintenir le Jeffytex.

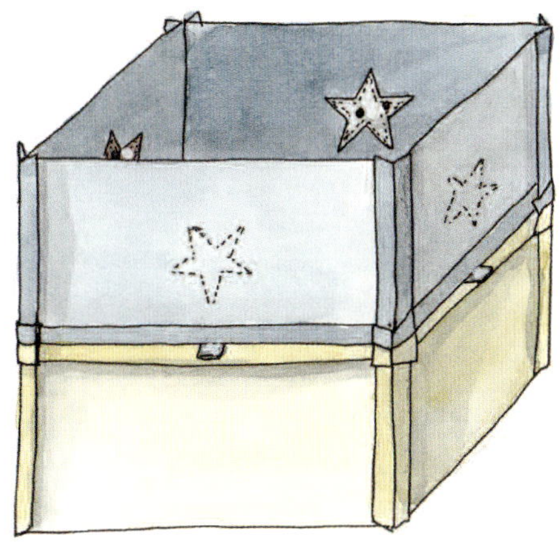

- 6 -

- 6 bis -

• Faites un rentré de 0,5 cm au bout du lien de la chouette, puis rabattez-le sur 3 cm, en glissant à l'intérieur l'anneau en métal et les liens de la base (ill. 9), de façon à ce que la chouette tombe au milieu du mobile.

- 7 -

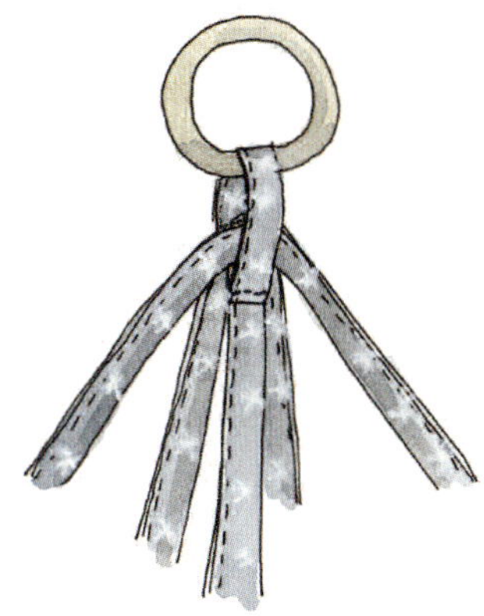

- 8 -

- - - - À broder au point avant

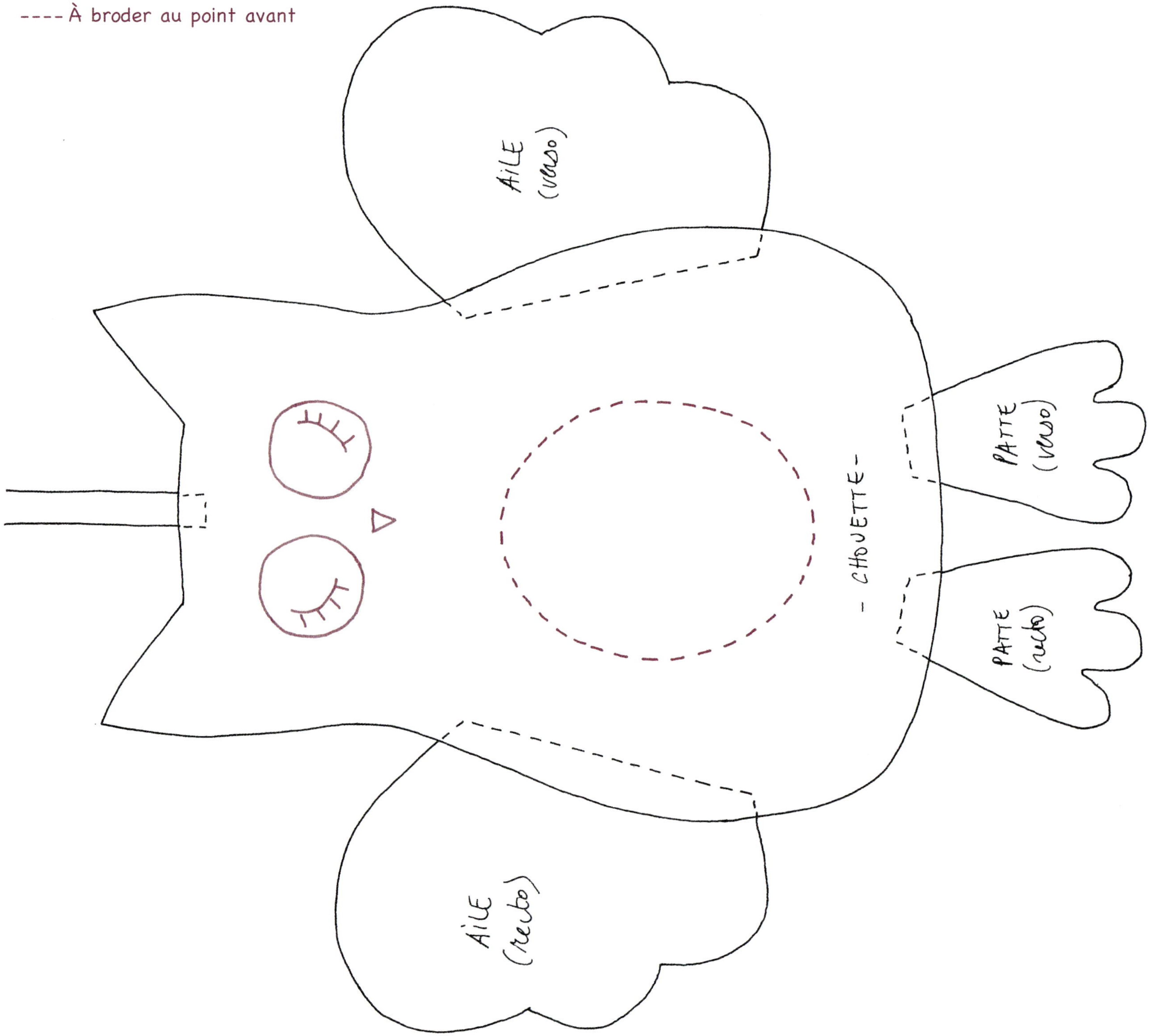

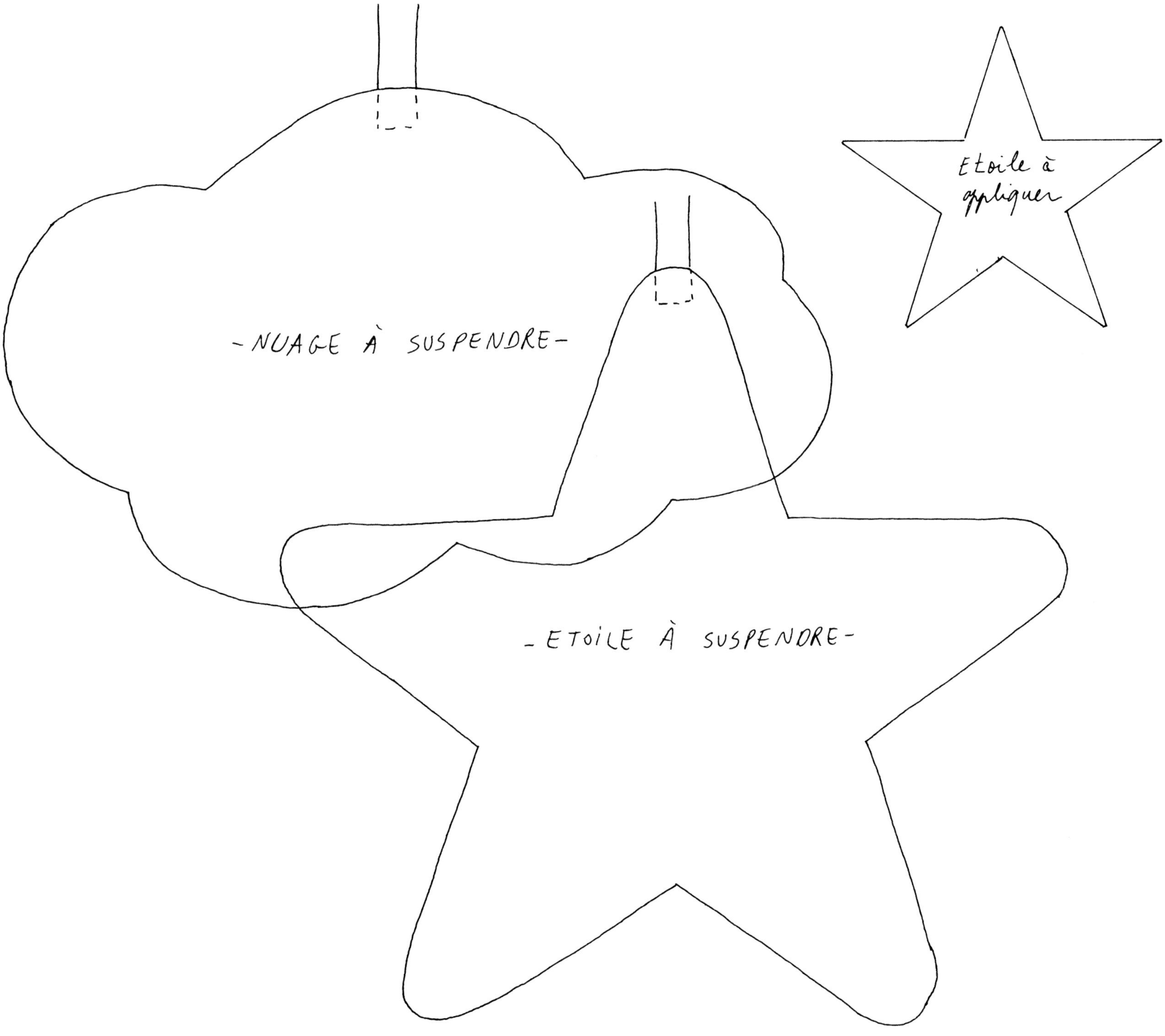
-NUAGE À SUSPENDRE-
Etoile à appliquer
-ETOILE À SUSPENDRE-

Doudou dino

Taille du doudou : 19 cm de hauteur sur 34 cm de longueur

Fournitures

Piqué de coton à pois : 40 cm x 40 cm

Chutes de coton d'imprimés divers

– Kapok pour le rembourrage

Coupe

- Corps du dinosaure : coupez deux fois dans le piqué de coton (en prenant bien soin de retourner le patron pour obtenir un recto et un verso).

- Crête du dinosaure : dans les chutes de tissus imprimés, coupez cinq rectangles de 5 x 8 cm, trois rectangles de 5 x 7 cm et trois rectangles de 5 x 6 cm.

Réalisation

- Pliez en deux sur la longueur les rectangles imprimés. Piquez le grand côté à 1 cm du bord, retournez sur l'endroit et repassez (ill. 1).

- Dans une chute de tissu, coupez deux cercles d'environ 1 cm de diamètre, puis cousez-les à la place des yeux sur le corps du dinosaure.

- Formez la crête en épinglant les rectangles pliés en deux sur l'endroit du recto du dinosaure (ill. 2). Les plus hauts rectangles sont au centre de la crête et les plus petits sont sur les côtés.

- Posez endroit contre endroit les deux parties du dinosaure, épinglez et piquez tout autour à 1 cm du bord en laissant une ouverture de 5 cm au niveau de la queue (ill. 3).

- Crantez les arrondis.

- Retournez sur l'endroit par l'ouverture laissée, puis garnissez de kapok. Refermez l'ouverture à points glissés.

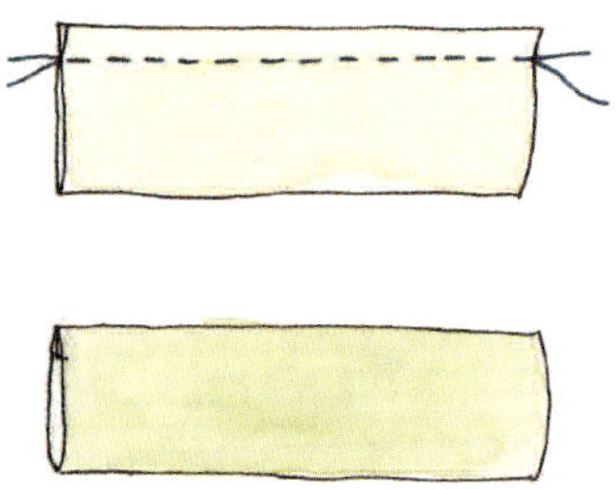

-1-

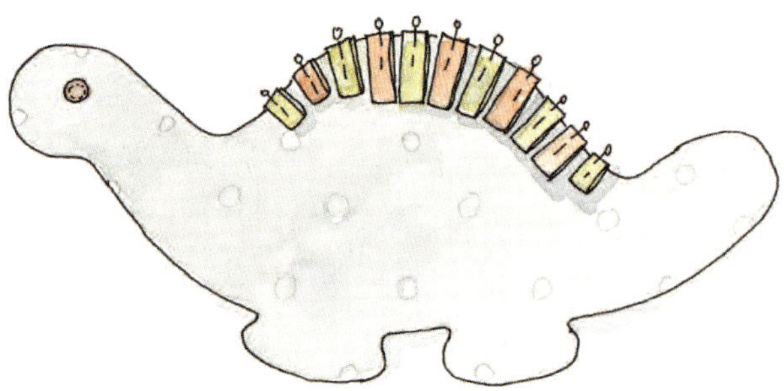

-2-

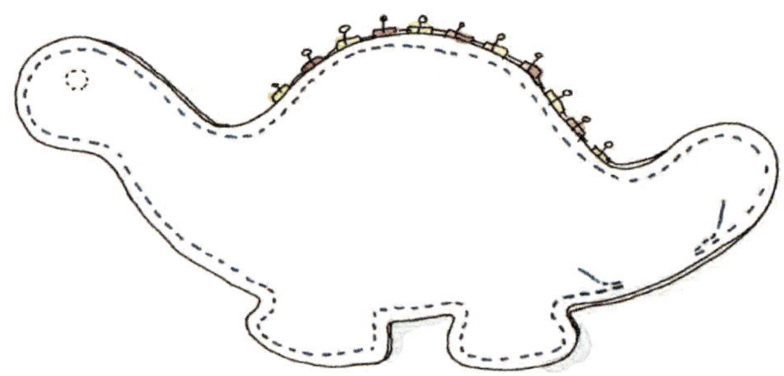

-3-

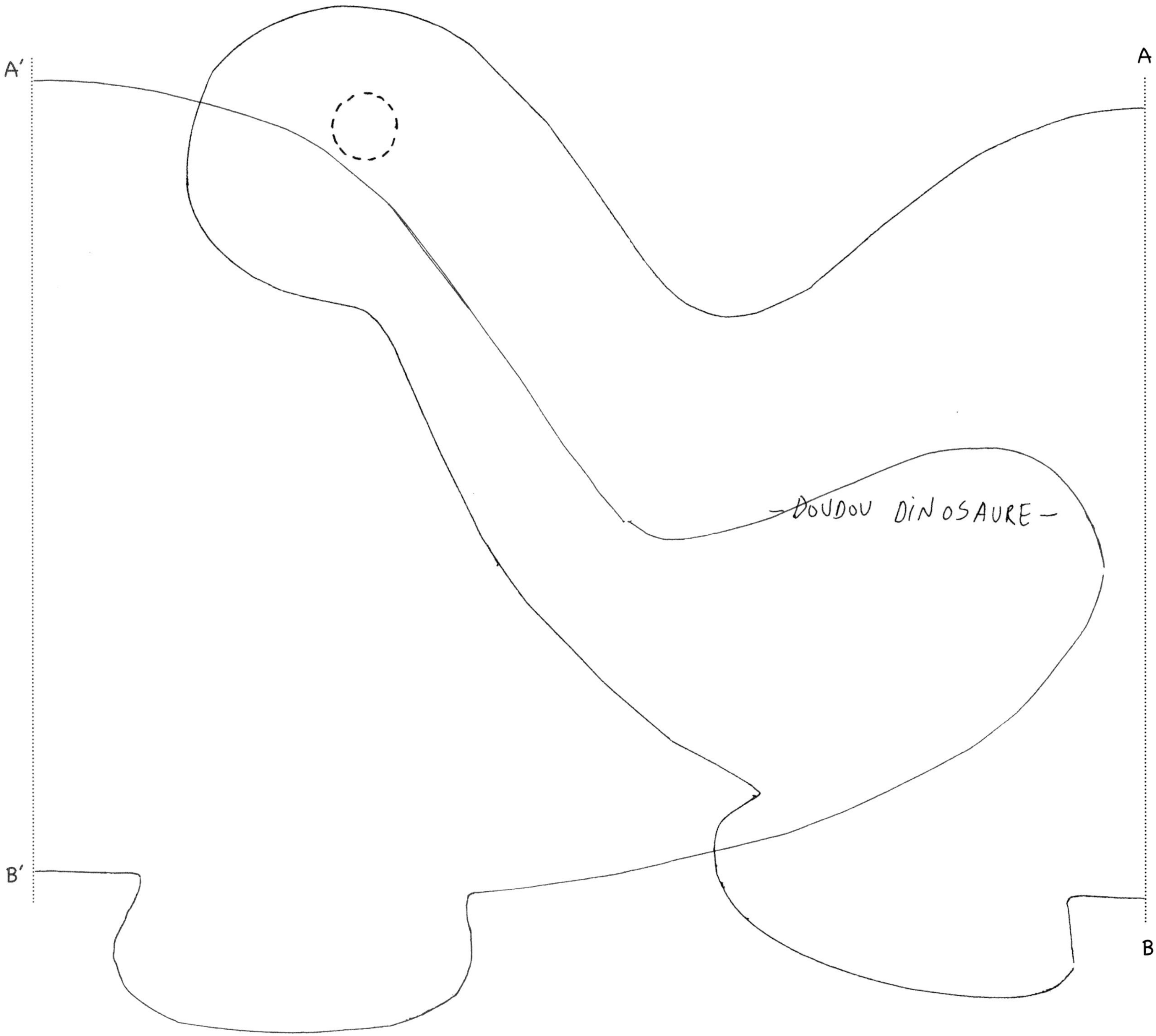
A'
A
-DOUDOU DINOSAURE-
B'
B

Cubes

Taille d'un cube : 8,5 cm de côté

Fournitures

Côtés du cubes : coupez six carrés de 10,5 x 10,5 cm par cube, ce qui donne pour le modèle proposé,

3 carrés dans le Liberty Mitsy gris

3 carrés dans le Liberty Capel moutarde

3 carrés dans la popeline rouge à étoiles blanches

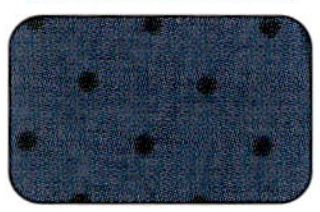

3 carrés dans la baptiste Orageuse à pois

2 carrés dans le coton à pois métallisés dorés

1 carré dans le Liberty Mitsy rouge

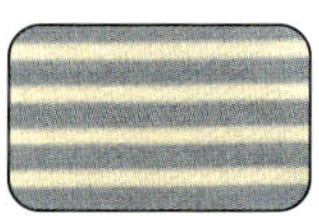

1 carré dans la popeline rayée gris et blanc

1 carré dans le velours milleraies grège

1 carré dans le velours milleraies étain

– Animaux à appliquer : découpez les différentes pièces en vous aidant des patrons, après avoir thermocollé la viseline sur l'envers du tissu.

– Jeffytex : coupez 18 carrés de 8 x 8 cm

Réalisation

- Appliquez les pièces destinées à former les animaux en vous aidant des patrons pour le placement (vous devez les coudre à la machine avec un point zigzag très serré).

- Attention : vous devez d'abord appliquer les pattes et les ailes (pour la chouette et le manchot), et les cornes et les oreilles (pour le cerf) pour que les extrémités de ces pièces soient recouvertes par les formes principales (ill. 1).

- Brodez les yeux de tous les animaux et le museau du lapin avec deux brins de coton mouliné.

- Posez le carré « tête de lapin » sur un des carrés sans appliqué, endroit contre endroit. Épinglez et piquez le côté supérieur (c'est à dire en haut de la tête) à 1 cm du bord en commençant et en arrêtant la couture à 1 cm des extrémités ; faites de solides points d'arrêt au début et à la fin (voir ill. 1 page 48 : explications du pouf).

- Assemblez de la même façon les trois autres côtés et le dessous, en vous aidant du schéma de placement. Repassez bien les coutures pour les aplatir.

- En vous reportant à l'illustration 2 de la page 48 (explications du pouf), assemblez les côtés A et A' entre eux, en pliant le carré central dans sa diagonale (endroit contre endroit), de façon à ce que les bords A et A' coïncident. Piquez à 1 cm du bord en commençant et en arrêtant la couture à 1 cm des bords (voir ill. 3 page 48).

-1-

CIRCUS
SCHOOLBUS

- Assemblez de la même façon B et B', C et C', D et D', E et E' et F et F'. Sur la couture de G et G', laissez une ouverture de 7 cm au centre.

- Retournez sur l'endroit.

- Par l'ouverture, glissez les 6 carrés de Jeffytex contre les 6 faces.

- Garnissez de kapok en réajustant le placement des carrés de Jeffytex au fur et à mesure. Le cube doit être bien rempli, mais les côtés ne doivent pas être bombés (sinon vous ne pourrez pas superposer les cubes).

- Refermez l'ouverture à points glissés.

- Procédez de la même façon pour les deux autres cubes.

- Schéma de placement -

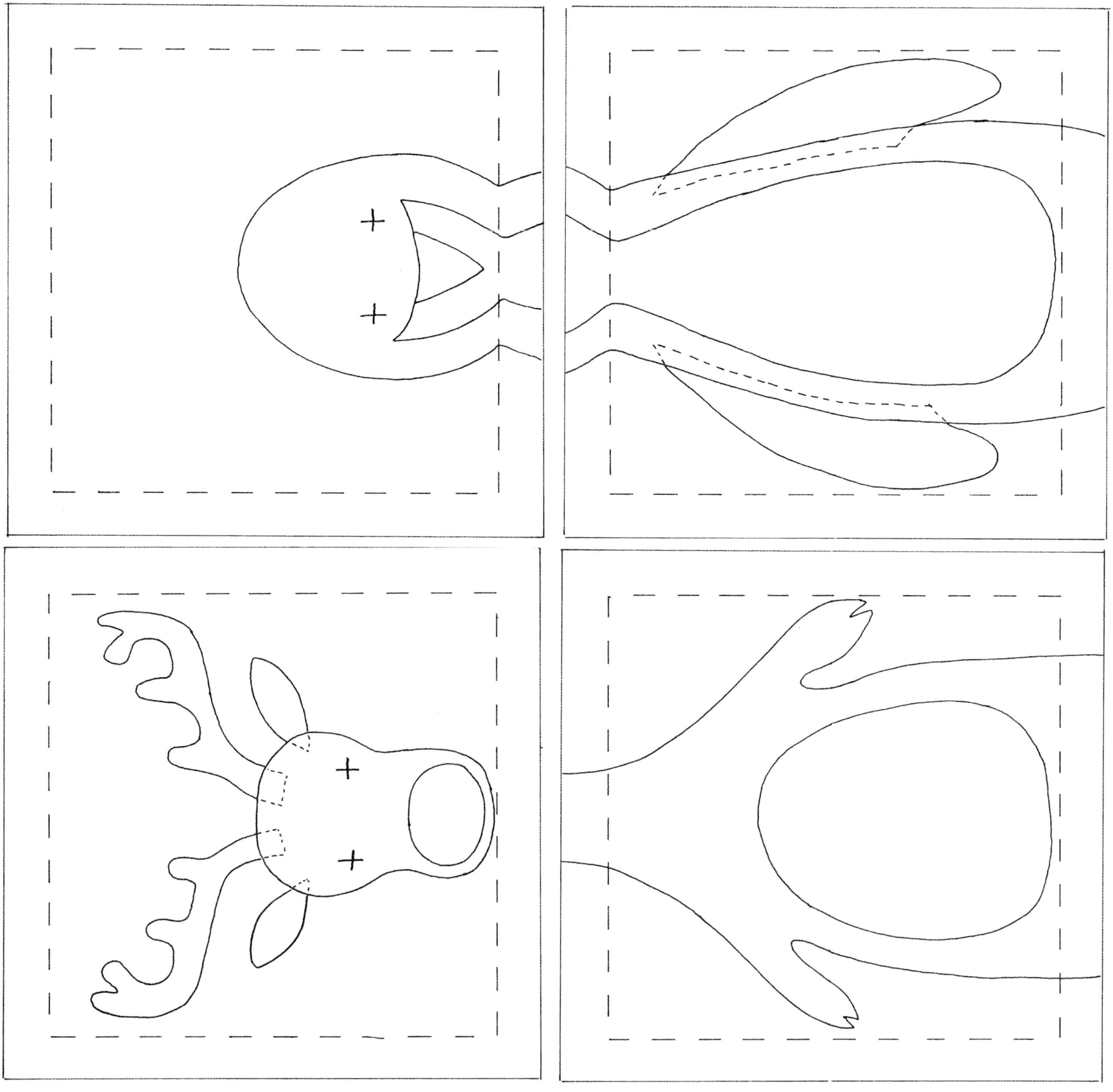

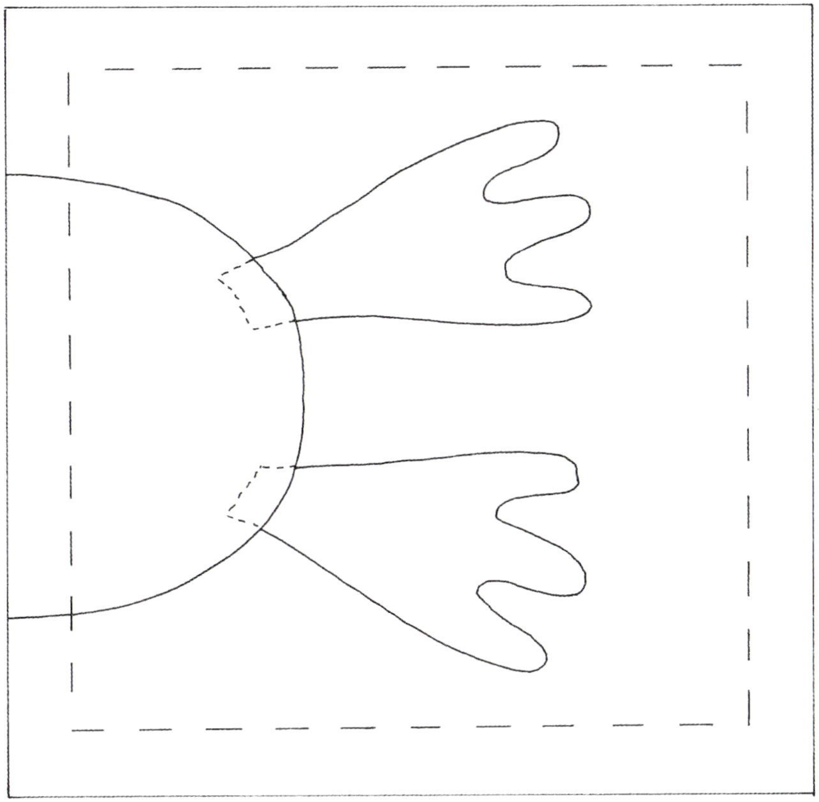

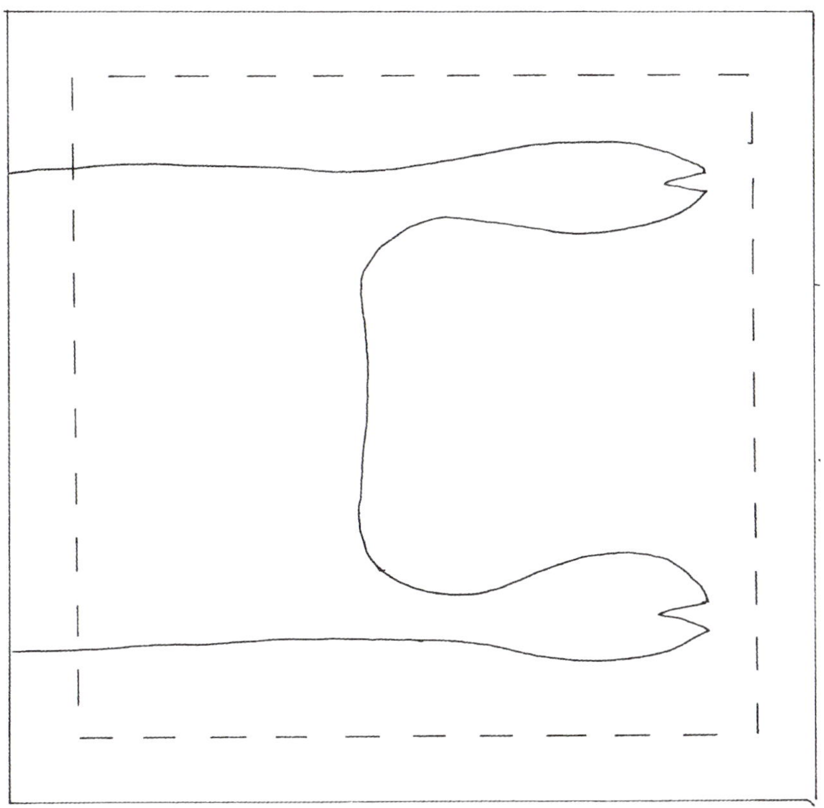

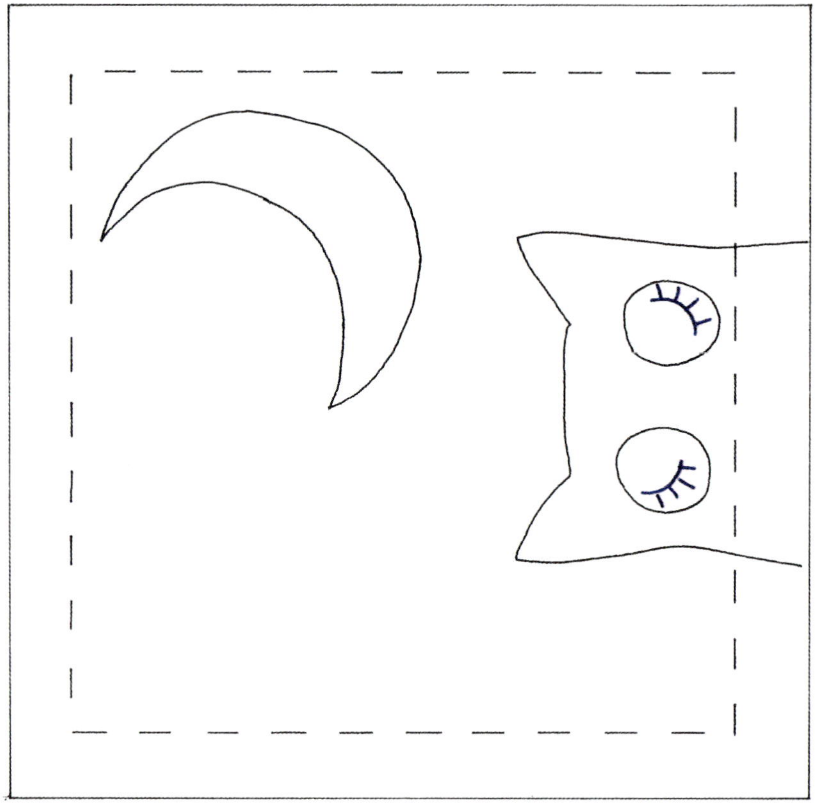

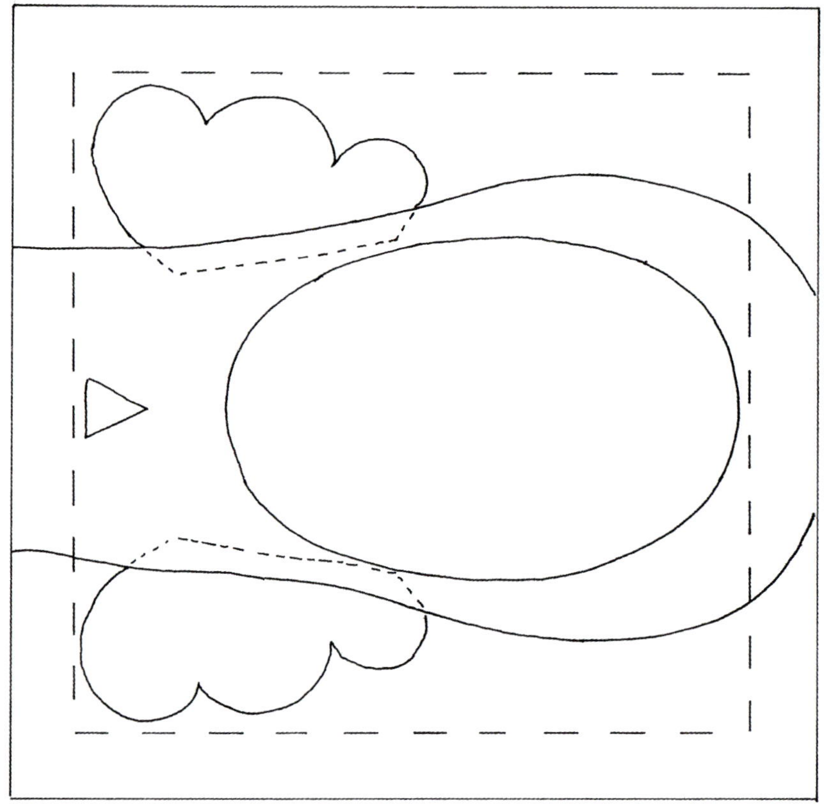

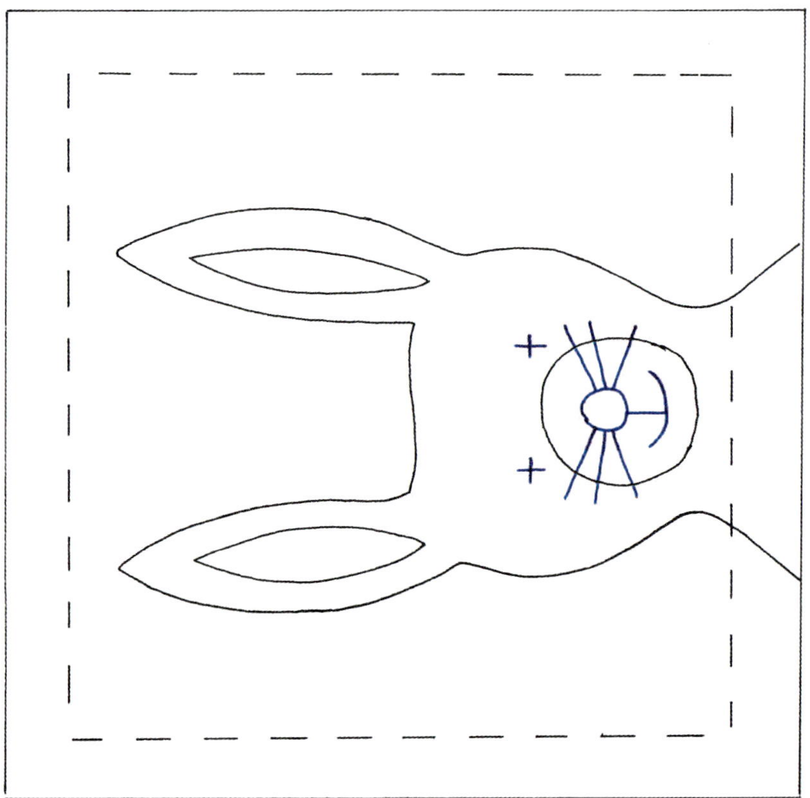

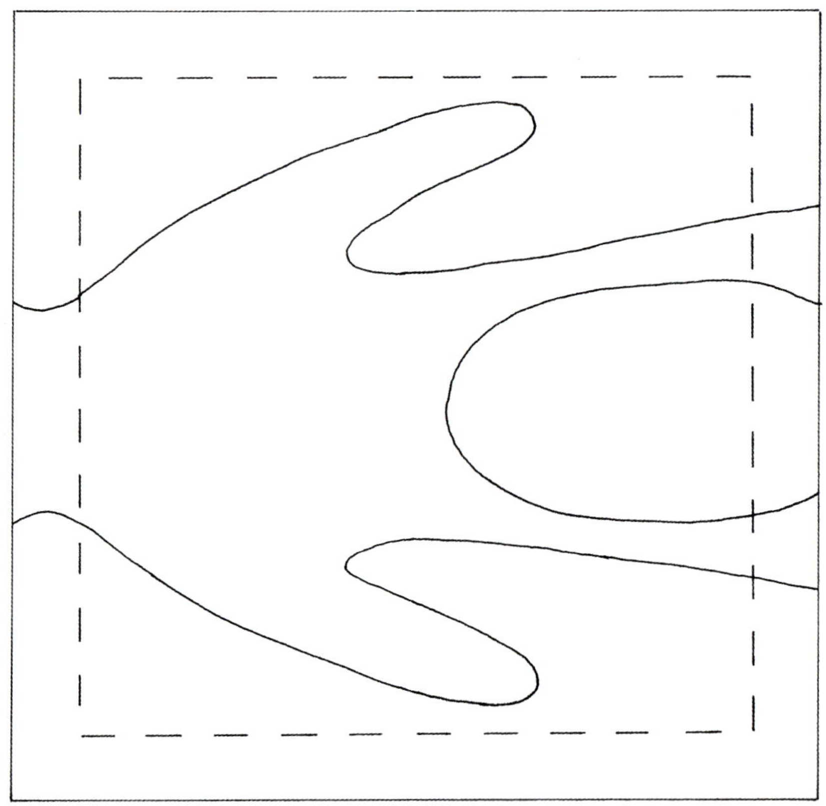

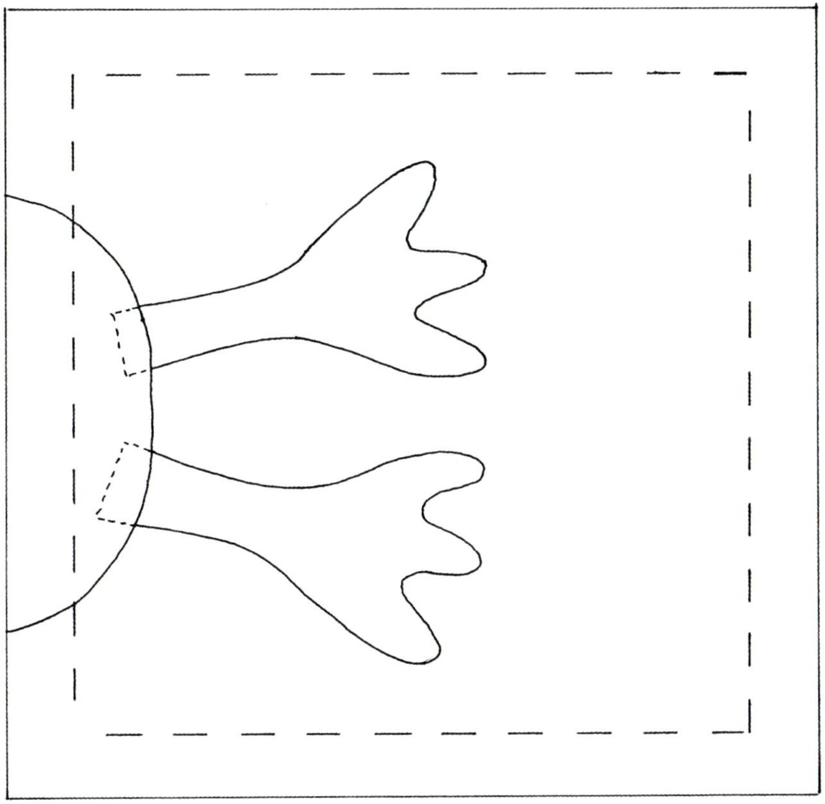

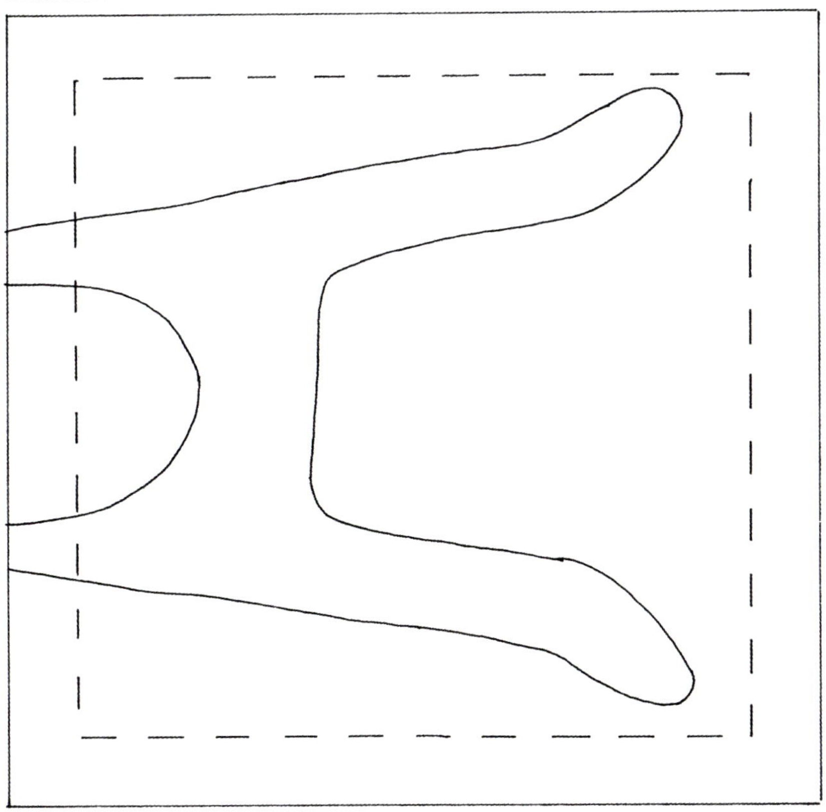

Guirlande

Fournitures

– Chutes de coton d'imprimés divers
– Viseline
– Coton perlé

Coupe

• Lettres du prénom : découpez chaque lettre après avoir thermocollé la viseline sur l'envers du tissu.

• Pastilles rondes, nuages et étoiles : découpez la quantité désirée, après avoir thermocollé la viseline sur l'envers du tissu (attention, pour chaque forme, pensez à découper un recto et un verso). Pour une guirlande de 2,50 mètres de long, il vous faudra environ une vingtaine de pastilles recto/verso, soit 40 découpes.

Réalisation

• Appliquez les lettres sur les pastilles rondes en piquant à 1 mm du bord (ill. 1).

• Quand toutes les lettres sont appliquées, formez votre guirlande en posant par terre les pastilles dans l'ordre désiré (attention, chaque pastille doit avoir un recto et un verso).

• Coupez un morceau de coton perlé de la taille de la guirlande désirée + 1 mètre.

• Prenez la première pastille en partant de la gauche et posez son recto et son verso envers contre envers, en prenant le coton mouliné (à 50 cm de l'extrémité) entre les deux épaisseurs (ill. 2).

• Piquez tout autour de la pastille à 2 mm du bord (pour faciliter les choses, vous pouvez préalablement coller les deux pastilles avec de la colle vinylique).

• Placez la deuxième pastille à 4 cm de la première et cousez-la de la même façon (ill. 3).

• Continuez ainsi jusqu'à la fin de la guirlande.

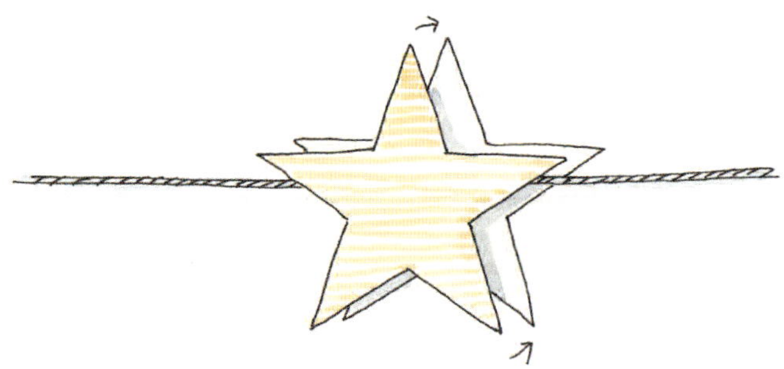

-2-

-1-

-3-

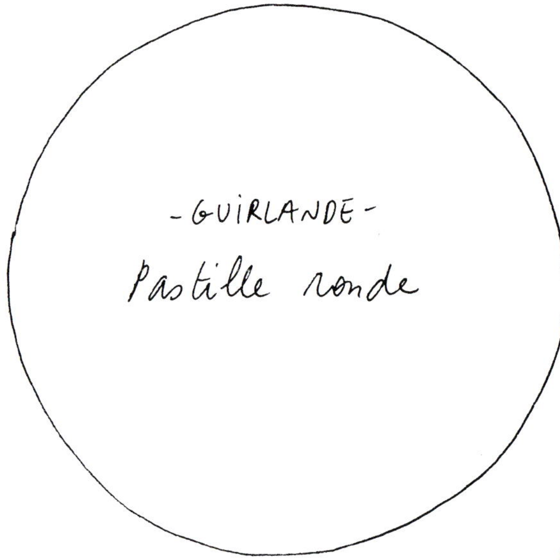
-GUIRLANDE-
Pastille ronde

-GUIRLANDE-
Pastille
étoile

-GUIRLANDE-
Pastille nuage

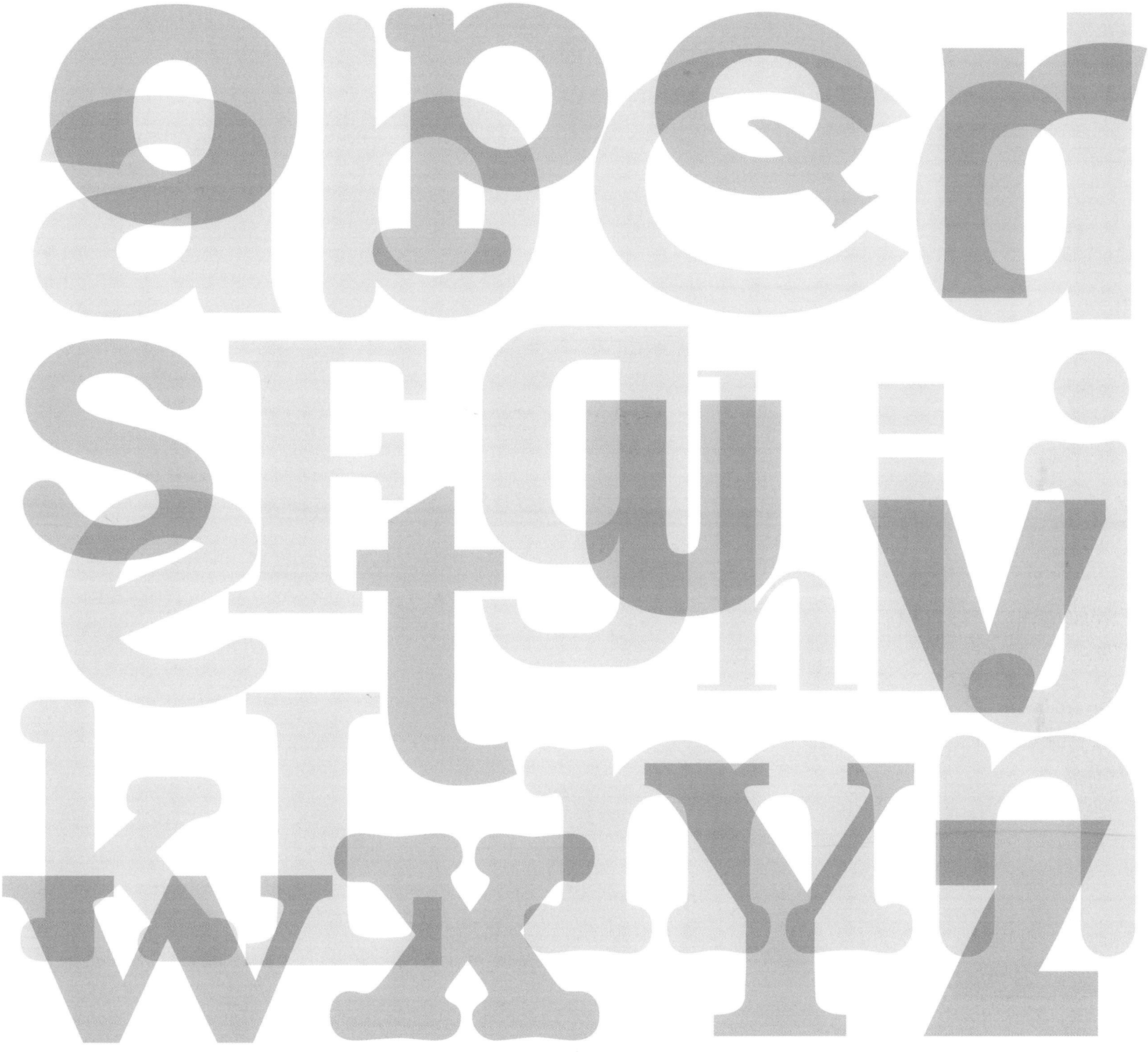

Tapis d'éveil

Taille du tapis : 90 x 90 cm

Fournitures

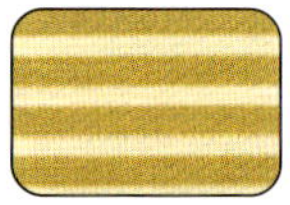
Popeline rayée moutarde et blanc (tissu A) : 49 x 34 cm

Popeline moutarde à étoiles blanches (tissu B) : 49 x 34 cm

~~TEDDY BEARS~~ INSECTS
Popeline cubes épices (tissu C) : 49 x 34 cm

ZIGZAG ~~SMALL FLOWER~~ PRINT
Liberty Capel moutarde (tissu D) : 49 x 34 cm

Popeline banane (tissu E) : 49 x 34 cm

TEDDY BEARS
Liberty Mitsy rouge (tissu F) : 17 x 34 cm

CHECK RED
Popeline rouge à étoiles blanches (tissu G) : 17 x 34 cm

~~INSECTS~~ SMALL FLOWER
Popeline hérissons (tissu H) : 17 x 34 cm

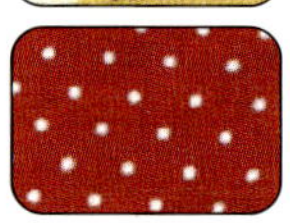
Popeline rouge à pois blanc : 93 x 93 cm

Fausse fourrure blanche : 70 x 25 cm

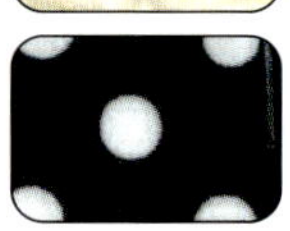
Toile cirée noire à pois blancs : 45 x 25 cm

– Ouatine très épaisse : 90 x 90 cm
– Coton perlé rouge

Coupe

- Dessus du tapis : dans chaque tissu A, B, C, D et E, coupez un grand carré de 32 x 32 cm et deux petits carrés de 17 x 17 cm. Dans les tissus F, G et H, coupez deux petits carrés de 17 x 17 cm.

- Dessous du tapis : coupez un carré de 93 x 93 cm dans la popeline rouge à pois blanc.

- Éléments à appliquer : découpez les différentes pièces des animaux et du champignon dans la fausse fourrure et la toile cirée, en vous aidant des patrons et des photos.

Réalisation

- Appliquez les éléments destinés à former les animaux et le champignon en vous aidant des patrons et des photos pour le placement : vous devez coudre les éléments en fausse fourrure avec un point zigzag très serré et la toile cirée avec un point avant à 2 mm du bord.

- Attention : vous devez d'abord appliquer les éléments du dessous, puis les chevaucher avec les formes principales (ill. 1). Chaque animal doit se trouver au centre de son carré, l'écureuil sur le tissu A, le hérisson sur le tissu B, le champignon sur le tissu C, la chouette sur le tissu D et le lapin sur le tissu E.

-1-

- Assemblez les patchworks des petits carrés. Pour cela, répartissez vos carrés en vous aidant du schéma (ill. 2). Prenez les deux carrés situés sur le côté gauche, posez-les endroit contre endroit puis épinglez et piquez un côté à 1,5 cm du bord. Procédez de même avec les deux carrés de droite, de façon à obtenir deux bandes de deux carrés (ill. 3).

- Aplatissez bien les coutures (toutes du même côté) à l'aide d'un fer à repasser, puis assemblez les deux bandes entre elles en les posant endroit contre endroit, coutures contre coutures, et en piquant à 1,5 cm des côtés (ill. 4).

- Aplatissez bien toutes les couture au fer à repasser. Procédez de même pour obtenir les trois autres carrés de patch-work. Repassez bien toutes les coutures.

- De la même façon, assemblez les carrés de patchwork avec les carrés appliqués, en vous aidant du schéma de placement (ill. 5).

- Posez endroit contre endroit le grand patchwork et le tissu du dessous, piquez tout autour à 1,5 cm du bord en laissant une ouverture de 40 cm sur un des côtés.

- Retournez par cette ouverture, glissez la ouatine à l'intérieur, puis refermez l'ouverture à points invisibles.

- Avec le coton perlé et une longue aiguille, faites un gros point avant sur chaque couture pour donner du relief au tapis d'éveil.

-2-

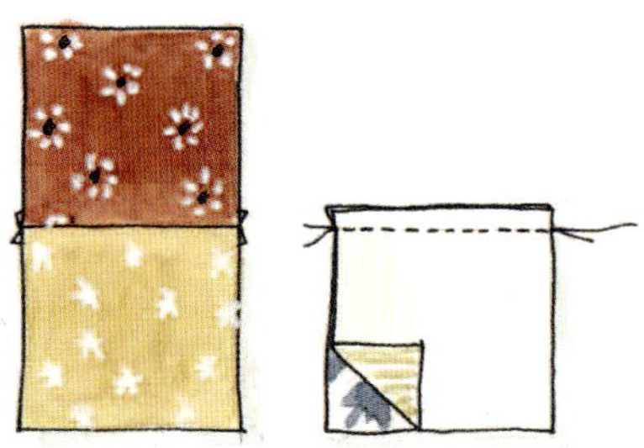

-3-

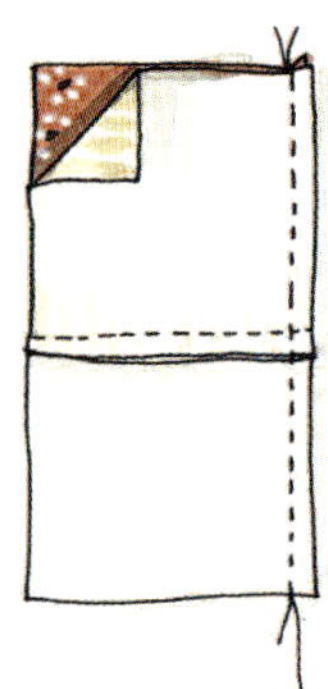

-4-

-5-

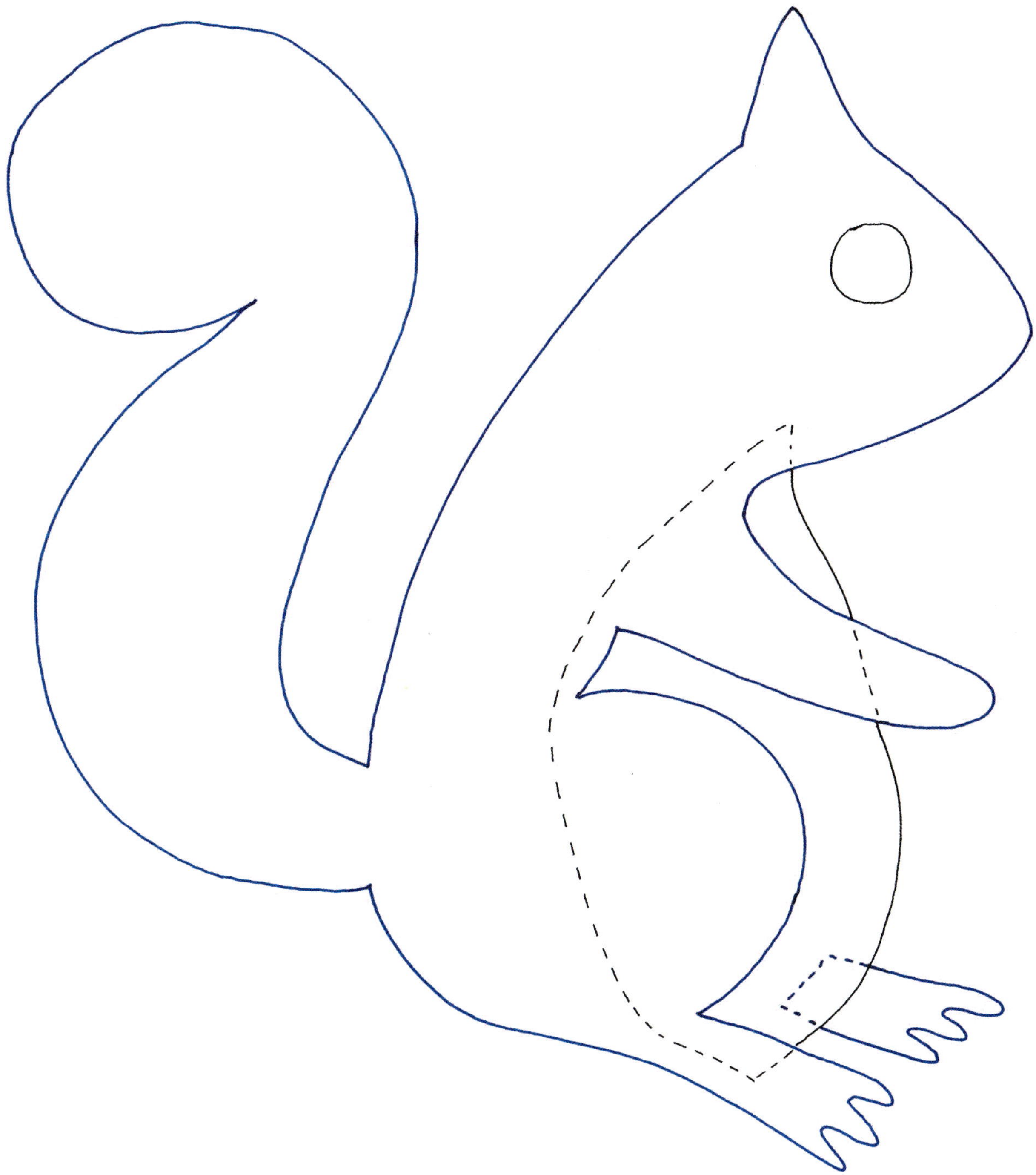

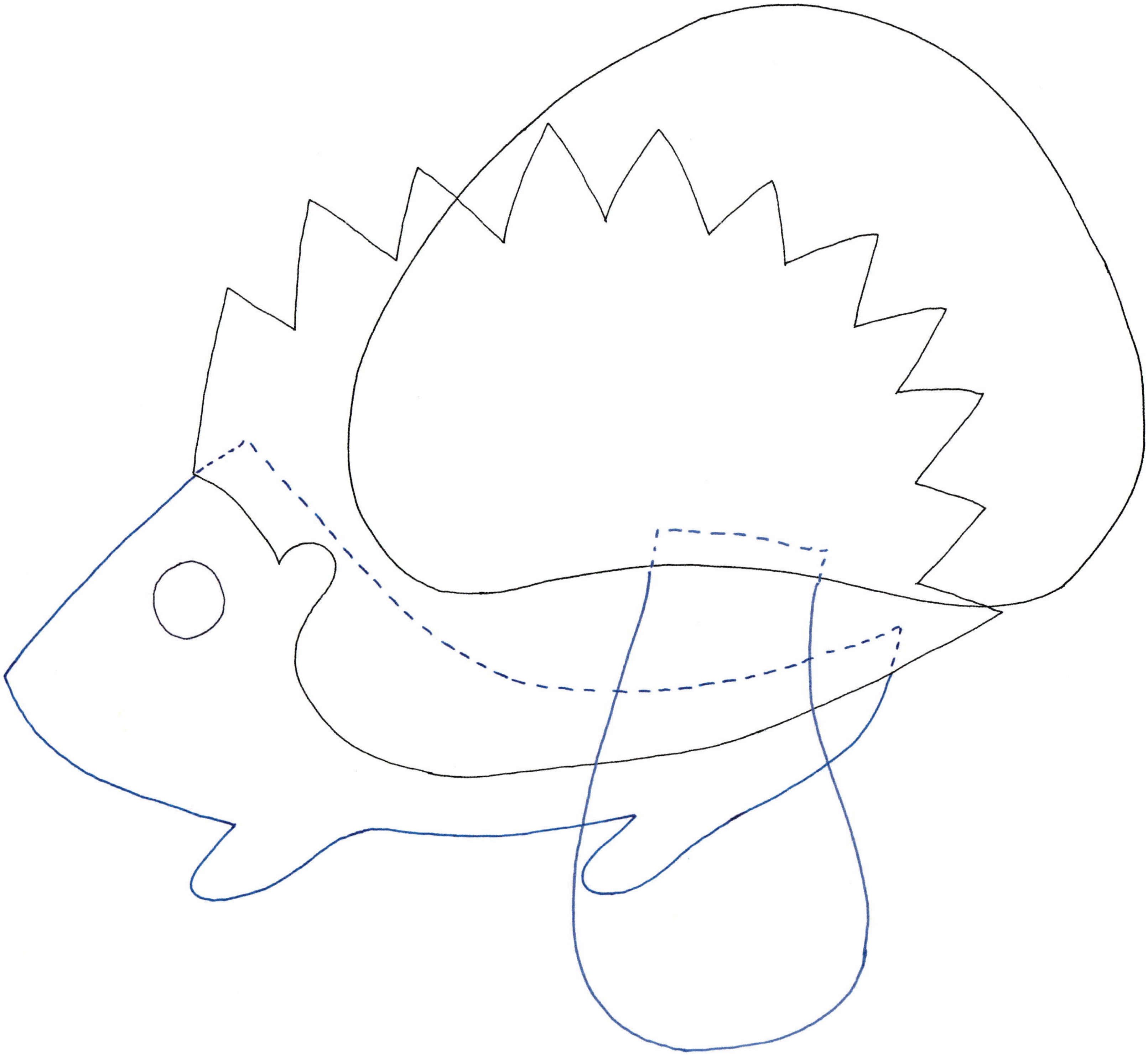

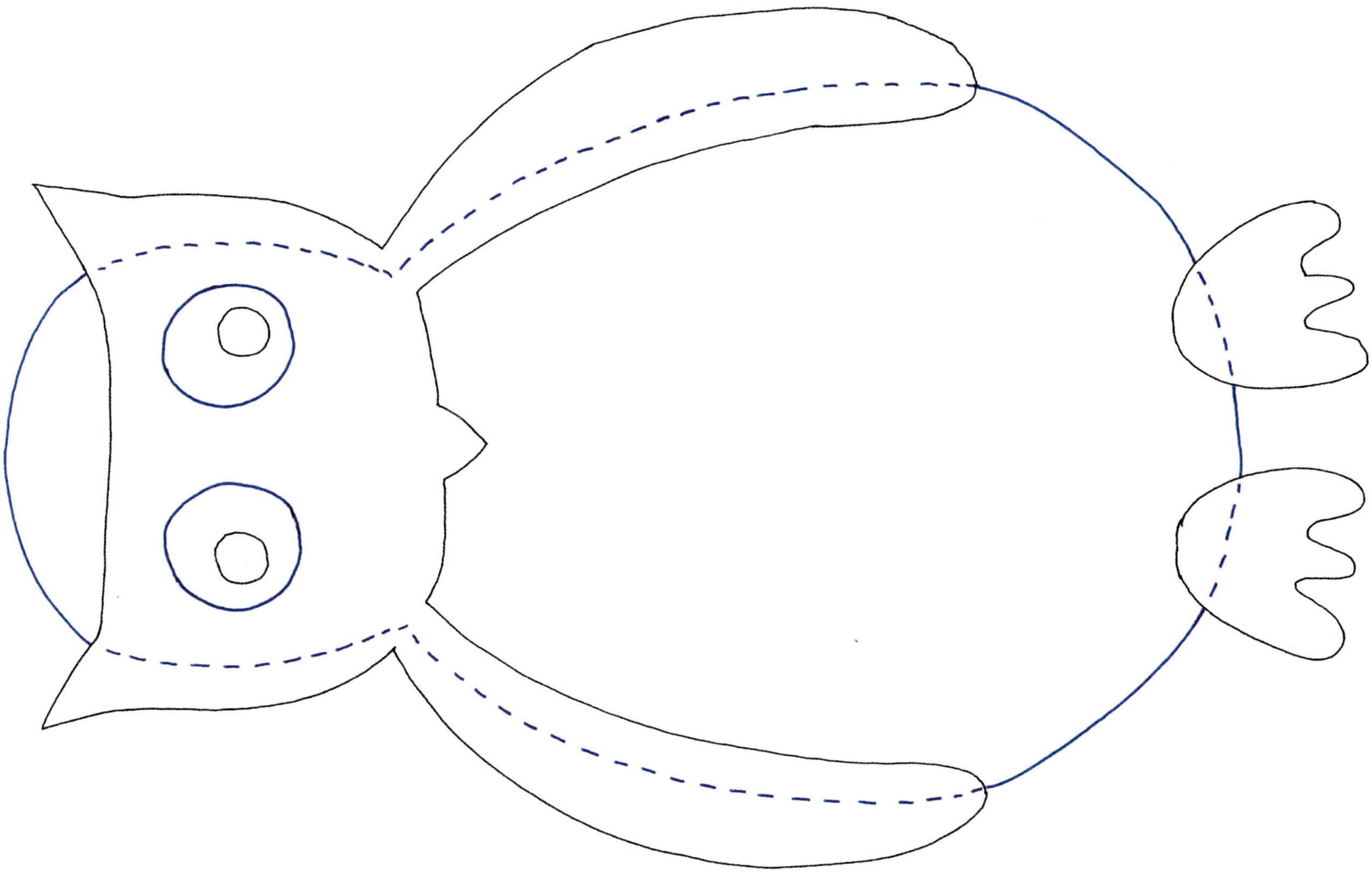

Chambre de garçon

Vintage

Vintage

Voitures

Taille des voitures : environ 26 cm de longueur x 13 cm de hauteur x 6 cm d'épaisseur

Fourniturespour les deux modèles

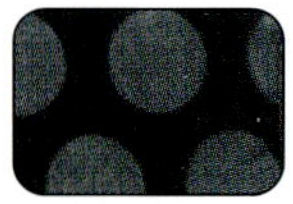

Popeline noire à pois gris : 70 x 47 cm

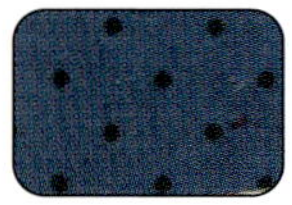

Baptiste orageuse à pois : 70 x 47 cm

Popeline brume (pour une voiture) : 30 x 20 cm

Popeline banane (pour une voiture) : 30 x 25 cm

Popeline moutarde à étoiles blanches (pour les roues) : quelques chutes

Liberty Chicane (pour les roues) : quelques chutes

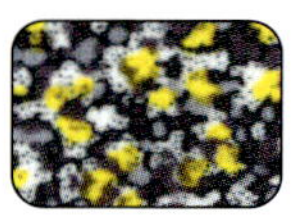

Liberty Pepper (pour les chiffres) : une petite chute

Popeline rayée gris et blanc (pour l'écusson brodé) : une petite chute

– Coton mouliné rouge
– Viseline
– Kapok

Coupe :

- Recto/verso des voitures : coupez deux rectangles de 35 x 20 cm dans la popeline noire à pois gris et dans la baptiste orageuse à pois.

- Tranche : coupez une bande de 70 x 7 cm dans la popeline noire à pois gris et dans la baptiste orageuse à pois.

- Voitures à appliquer : découpez les différentes pièces de chaque modèle deux fois recto/verso (en vous aidant des patrons des pages 58-59 du panier à jouets) après avoir thermocollé la viseline sur l'envers des tissus.

Vintage

-1-

Réalisation

- Au centre des rectangles à pois, sur l'endroit du tissu, appliquez les pièces destinées à former les voitures en vous aidant des patrons pour le placement (vous devez les coudre à la machine avec un point zigzag très serré).

- Attention : vous devez d'abord appliquer les roues des voitures (ill. 1 page 56 : explications du panier à jouets)

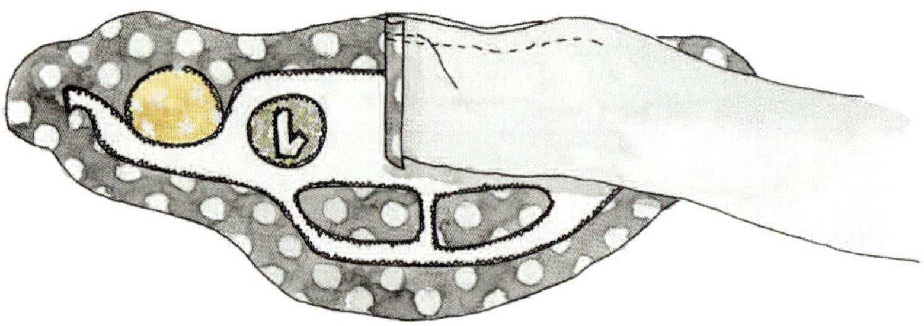

-2-

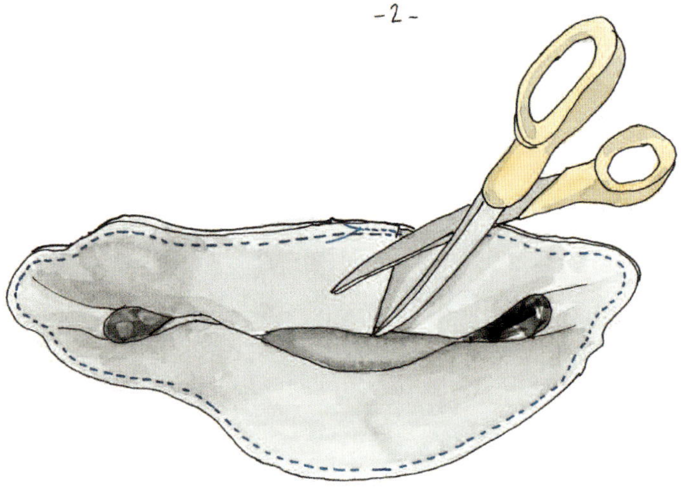

-3-

- Brodez le mot « vintage » sur la camionnette, au point avant avec quatre brins de coton mouliné.

- Découpez l'excédant de tissu tout autour des voitures, en laissant une marge de 2 cm (ill. 1).

- Marquez un repère autour de chaque voiture, en trouvant le point situé entre les deux roues (ill. 1).

- Marquez au fer à repasser un rentré de 1 cm à une des extrémités de la bande destinée à la tranche.

- Positionnez le début de cette bande sur le repère, endroit contre endroit, et commencez à piquer à 1 cm du bord, en faisant toujours coïncider les deux bordures (ill. 2).

- Quand vous avez fait le tour de la voiture, faites se chevaucher les deux extrémités de la bande sur quelques centimètres puis coupez l'excédant (ill. 3).

- Procédez de même pour coudre le verso de la voiture, en faisant coïncider le repère et le début de la bande. Laissez une ouverture de 5 cm sur une partie de la couture (de préférence sur une ligne droite). Crantez les arrondis.

- Retournez par cette ouverture, garnissez de kapok puis fermez-la à points glissés.

Pouf

Taille du pouf : 43 x 43 cm

Fournitures

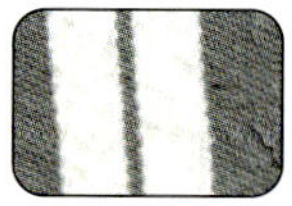 Toile à matelas rayée grise et blanche : 45 x 270 cm

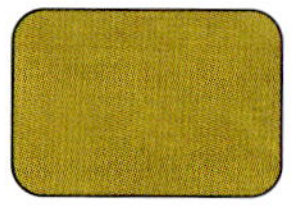 Popeline de coton banane (pour les grandes étoiles) : 30 x 30 cm

 Popeline de coton encre (pour les grandes étoiles) : 30 x 30 cm

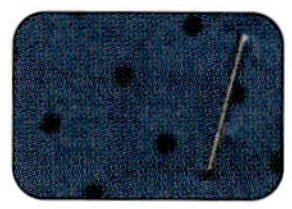 Baptiste orageuse à pois (pour les grandes étoiles) : 30 x 30 cm

 Liberty Pepper (pour les grandes étoiles) : 30 x 30 cm

 Baptiste orageuse à étoile (pour les petites étoiles) : quelques chutes

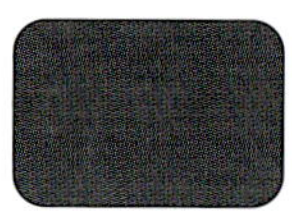 Popeline de coton souris (pour les petites étoiles) : quelques chutes

– Coton perlé gris clair
– Viseline
– Kapok (il en faut une grande quantité pour garnir le pouf)

Coupe

- Côtés du pouf : coupez six carrés de 45 x 45 cm dans la toile à matelas.

- Étoiles à appliquer : coupez quatre grandes étoiles et huit petites, après avoir thermocollé la viseline sur l'envers du tissu.

- schéma de placement -

Réalisation

- Appliquez les quatre grandes étoiles au centre de quatre carrés de toile à matelas, avec un point zigzag très serré. Ces carrés seront les côtés du pouf.

- Appliquez les huit petites étoiles de la même façon, en vous aidant du schéma de placement. Ce carré est destiné au dessus du pouf. Il reste donc un carré vierge qui se sera le dessous du pouf.

- Posez un des carrés de côté sur le carré du dessus, endroit contre endroit. Épinglez et piquez un des côtés à 1,5 cm en commençant et en arrêtant la couture à 1,5 cm des extrémités (et en faisant de solides points d'arrêt au début et à la fin) (ill. 1).

- Assemblez de la même façon les trois autres côtés et le dessous (ill. 2). Repassez bien les coutures pour les aplatir.

- Assemblez maintenant les côtés A et A' entre eux, en pliant le carré central dans sa diagonale (endroit contre endroit), de façon à ce que les bords A et A' coïncident. Piquez à 1,5 cm du bord en commençant et en arrêtant la couture à 1,5 cm des extrémités (ill. 3).

- Assemblez de la même façon B et B', C et C', D et D', E et E' et F et F'. Sur la couture de G et G', laissez une ouverture de 25 cm au centre.

- Retournez sur l'endroit. Garnissez de kapok par l'ouverture laissée.

- Refermez l'ouverture avec de solides points glissés.

- Avec une grosse aiguille et du coton perlé, faites de grands points avant sur les arêtes du pouf, à 3 cm des coutures (ill. 4).

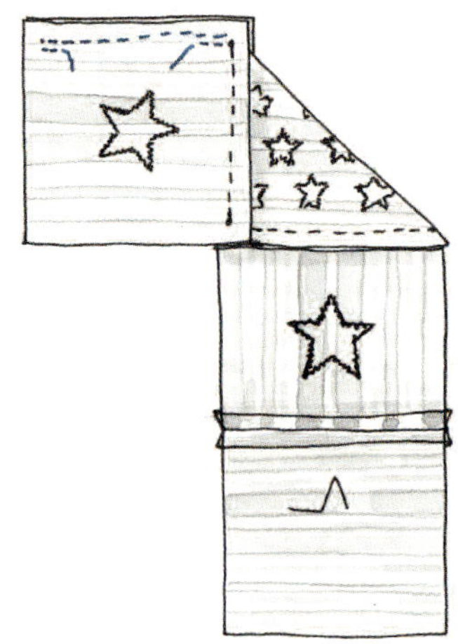

-3-

-1-

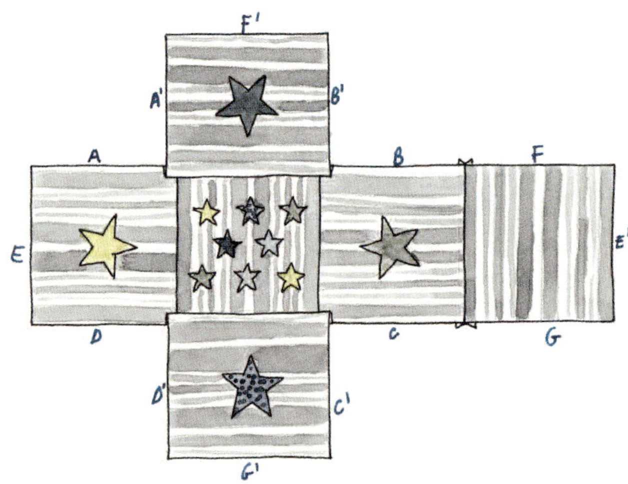

-2-

– POUF –
Petite étoile
à appliquer
– POUF –
Grande étoile
à appliquer.
← pliure dans le droit fil →

Tipi

Taille du tipi : 190 cm de hauteur sur 110 cm de côtés

Fournitures

Popeline de coton souris : 330 cm x 150 cm de laize

Popeline de coton banane (pour la doublure du pan d'ouverture) : 120 x 150 cm de laize

Popeline moutarde à étoiles blanches, baptiste orageuse à étoile, Liberty Pepper (pour les étoiles) : quelques chutes

– Laine à tricoter rouge vif
– Quatre grandes baguettes de bois de 2 mètres de long et 2 cm de diamètre (vous pouvez les peindre si vous désirez)
– Viseline

Coupe

- Pans extérieurs du tipi : coupez quatre fois dans la popeline souris, comme indiqué sur le schéma page 53.

- Pan intérieur du tipi : coupez un pan dans la popeline banane.

- Étoiles à appliquer : découpez le nombre d'étoiles désiré dans les chutes de tissu, après avoir thermocollé la viseline sur l'envers du tissu.

Réalisation

- Appliquez les étoiles au point avant en les dispersant sur les quatre pans (attention, sur un des pans, ne mettez pas d'étoiles au centre parce qu'il y aura une ouverture !).

- Pliez en deux dans la longueur un des pans de popeline souris (celui destiné à l'ouverture) et marquez le pli au fer à repasser.

- Posez-le par dessus le pan de popeline banane, endroit contre endroit, puis épinglez et piquez la base à 1,5 cm du bord en remontant autour du pli central à 0,5 cm du pli, sur une hauteur 85 cm (ill. 1).

- Avec des ciseaux de couture, coupez sur la ligne de pli en terminant par une découpe triangulaire (ill. 2).

- Coupez les angles, puis retournez sur l'endroit en passant la popeline banane derrière la popeline souris. Repassez bien, en marquant un rentré de 1 cm vers l'envers, en haut du pan (ill. 3). Piquez cet ourlet.

- Assemblez les trois autres pans par leurs grands côtés, envers contre envers, à 1 cm du bord (ill. 4).

- Au fer à repasser, marquez un rentré de 1 cm en haut et un double rentré de 0,5 et 1 cm en bas des pans. Piquez les.

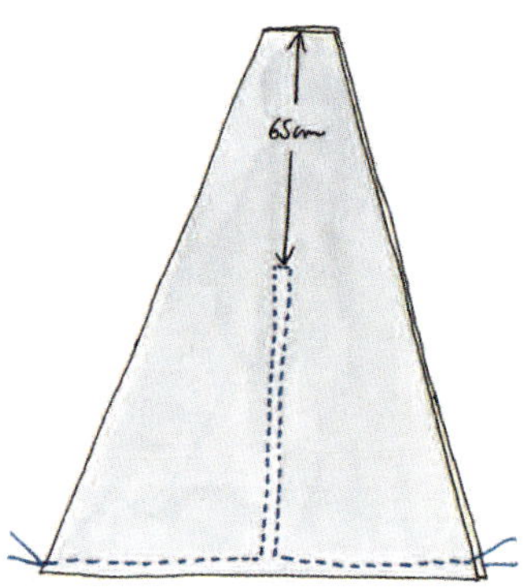

-1-

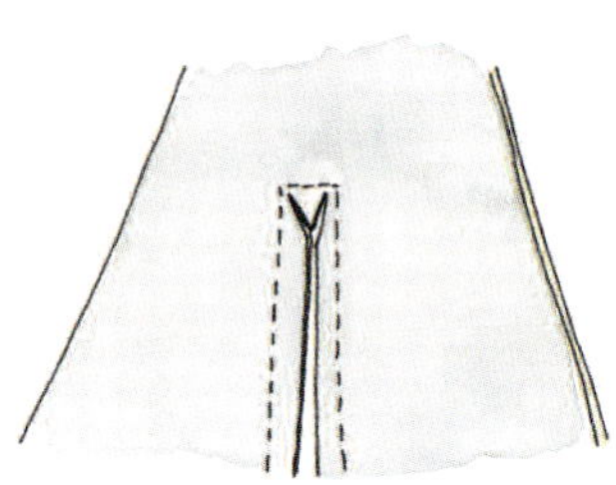

-2-

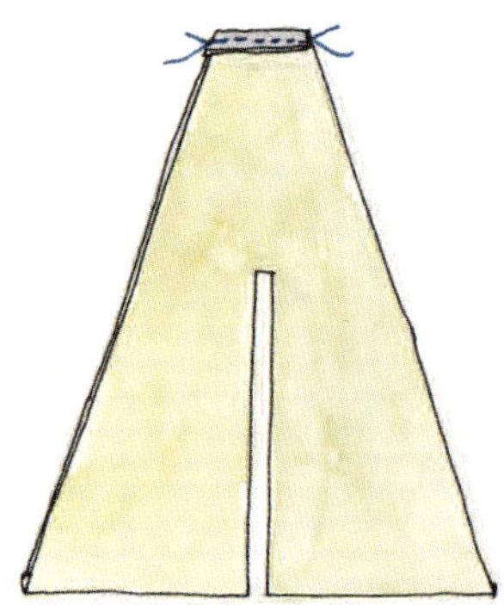

-3-

-4-

1

- Posez le pan de droite endroit contre endroit sur le pan central, en pliant au niveau de la couture. Épinglez le grand côté et piquez à 4 cm du bord (cela vous permettra de glisser les tiges en bois) (ill. 5).

- Procédez de même avec l'autre couture.

- Assemblez le dernier pan à l'ensemble par les grands côtés, envers contre envers, à 1 cm du bord.

- Répétez l'opération de l'illustration 5 pour les coutures de côté.

- Percez des trous de 0,5 cm de diamètre dans les tiges en bois, à 30 cm de hauteur. Glissez les tiges en bois dans les coutures.

- Confectionnez deux pompons avec la laine, en enroulant la laine sur un rectangle en carton de 11 cm de hauteur. Faites une centaine de tours, coupez le fil, puis passez un autre fil et faite un nœud à une des extrémités. Coupez les fils sur l'autre extrémité. Enroulez un nouveau fil tout autour pour former le pompon (ill. 6).

- Avec la laine, confectionnez une tresse assez épaisse, de 90 cm de long. Passez-la dans les trous des tiges en bois, puis faites un nœud solide pour maintenir l'ensemble. Fixez les pompons aux deux extrémités.

- Tendez bien les pans des quatre côtés pour former le tipi.

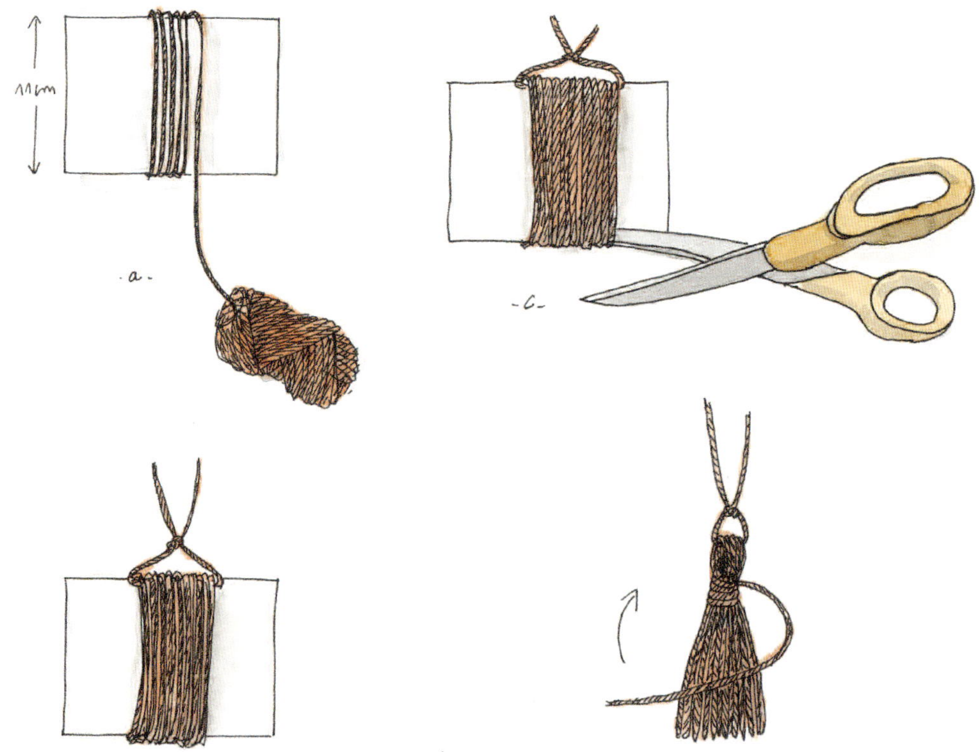

-b- -6- -d-

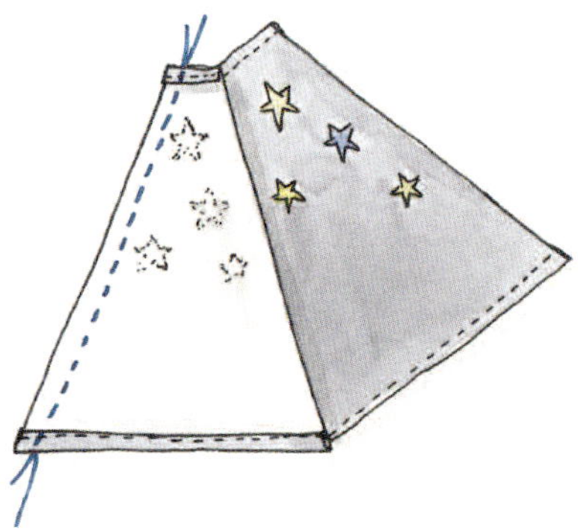

-5-

- schéma de découpe -

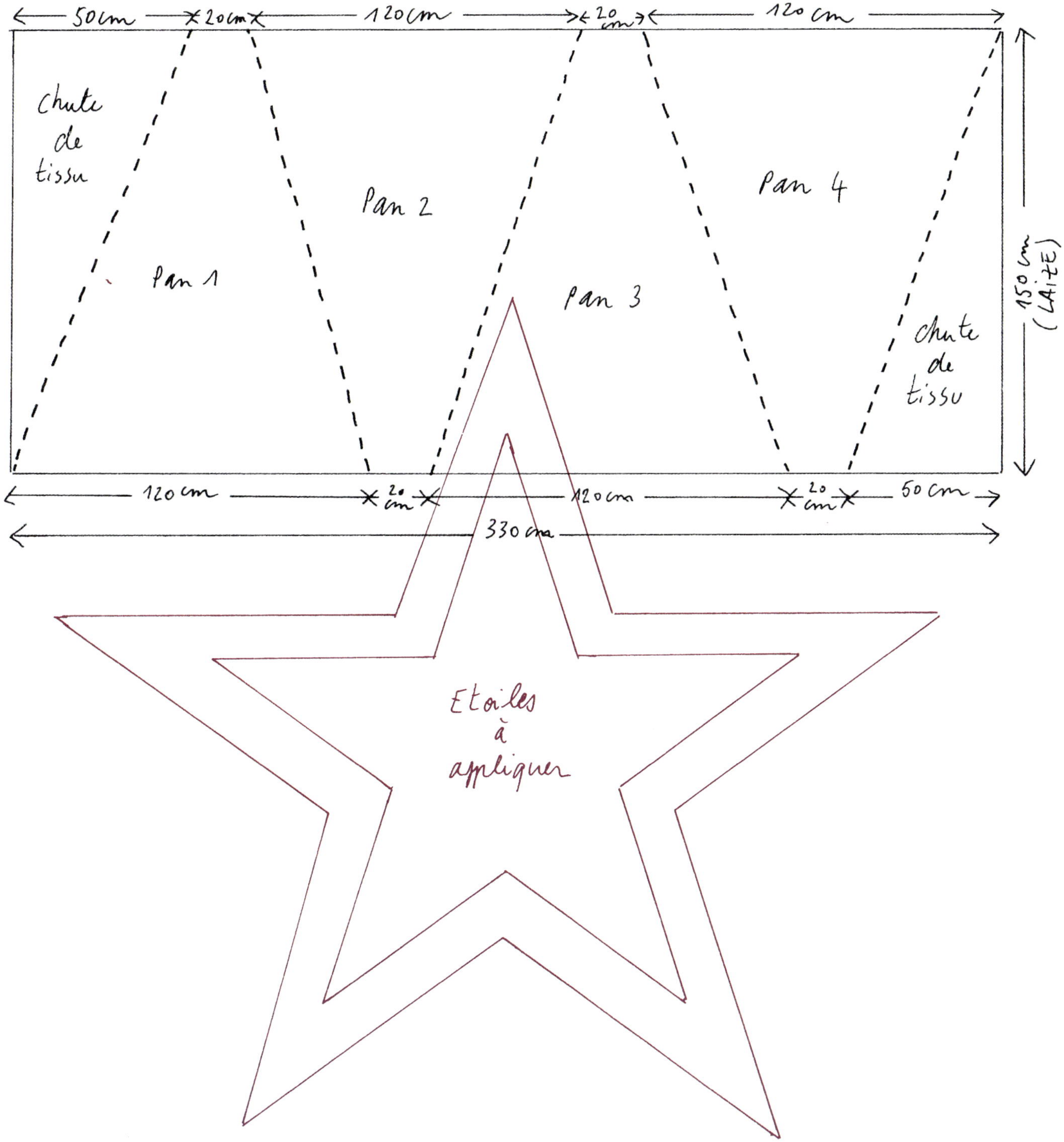

Panier à jouets

Taille du panier : 44 cm de hauteur sur 32 cm de côté

Fournitures

Velours milleraies gris étain (pour les cinq faces du panier) : 68 x 136 cm

Baptiste orageuse à étoiles (pour la doublure et le patchwork intérieur) : 34 x 130 cm

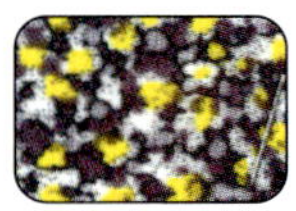

Liberty Pepper (pour les poignées, le patchwork et les éléments des voitures) : 15 x 140 cm

Popeline moutarde à étoiles blanches (pour le patchwork et les voitures) : 50 x 20 cm

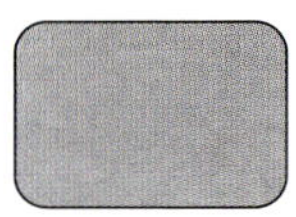

Popeline brume (pour le patchwork et les voitures) : 50 x 20 cm

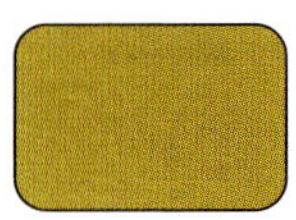

Popeline banane (pour le patchwork et les voitures) : 50 x 20 cm

Liberty Chicane (pour le patchwork et les voitures) : 30 x 20 cm

Popeline rayée moutarde et blanc (pour le patchwork et les voitures) : 30 x 20 cm

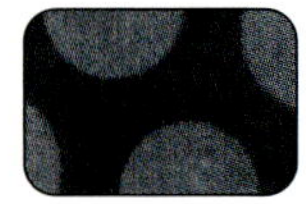

Popeline noire à pois gris (pour le patchwork) : 20 x 20 cm

– Coton mouliné rouge
– Fil à tricoter rouge vif
– Viseline
– Jeffytex (pour solidifier les côtés du panier) : 93 x 62 cm

Coupe

• Faces du panier : coupez cinq carrés de 34 x 34 cm dans le velours étain.

• Doublure intérieure : dans la baptiste orageuse à étoiles, coupez un carré de 34 x 34 cm et quatre rectangles de 18 x 34 cm.

• Patchwork intérieur : coupez quatre carrés de 10 x 10 cm dans chacun des tissus suivants (de façon à obtenir 32 carrés au total) :
– Baptiste Orageuse à étoiles
– Liberty Pepper
– Popeline moutarde à étoiles blanches
– Popeline brume
– Popeline banane
– Liberty Chicane
– Popeline rayée moutarde et blanc
– Baptiste noire à pois gris

• Poignées : coupez deux rectangles de 30 x 12 cm dans le Liberty Pepper.

• Voitures à appliquer : découpez les différentes pièces en vous aidant des patrons, après avoir thermocollé la viseline sur l'envers du tissu.

• Jeffytex : coupez cinq carrés de 31 x 31 cm (pour les cinq faces du panier) et deux rectangles de 31 x 5 cm (pour les poignées).

-1-

Réalisation

• Au centre des carrés de velours (côtés du panier), appliquez les pièces destinées à former les voitures en vous aidant des patrons pour le placement (vous devez les coudre à la machine avec un point zig-zag très serré).

• Attention, vous devez d'abord appliquer les roues des voitures (ill. 1).

• Brodez le mot « vintage » sur la camionnette, au point de tige avec quatre brins de coton mouliné.

• Brodez des étoiles avec le fil à tricoter (ill. 2), en en dispersant trois autour de chaque véhicule.

• Assemblez le patchwork. Pour cela, répartissez vos huit carrés (pour un côté) de façon harmonieuse (en vous aidant du schéma). Prenez les deux carrés situés sur le côté gauche, posez-les endroit contre endroit puis épinglez et piquez un côté à 1 cm du bord.

• Procédez de même avec les deux carrés suivants, et ainsi de suite, jusqu'à ce que vous obteniez quatre bandes de deux carrés (ill. 3).

• Aplatissez bien les coutures (toutes du même côté) à l'aide d'un fer à repasser, puis assemblez les quatre bandes entre elles en les posant endroit contre endroit, coutures contre coutures, et en piquant à 1 cm des côtés. De la même façon, assemblez le patchwork ainsi obtenu à la bande de baptiste orageuse à étoiles (ill. 4). Aplatissez bien toutes les couture au fer à repasser.

• Procédez de même pour les trois autres côtés de la doublure.

• Formez les poignées et pliant en deux dans la longueur les rectangles de Liberty, endroit contre endroit, et en piquant le grand côté à 1 cm du bord.

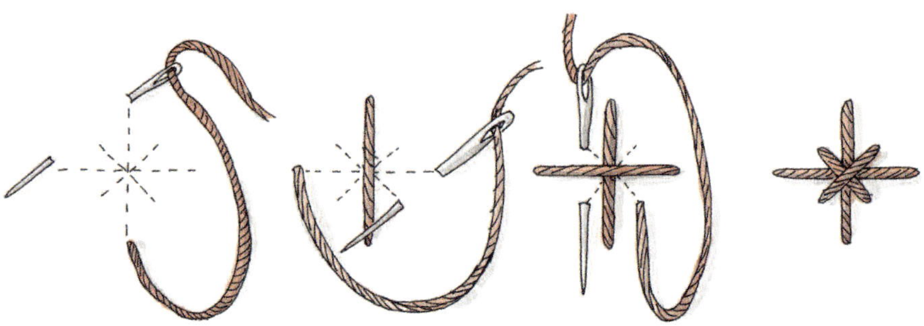

-2-

-3-

• Retournez sur l'endroit, repassez puis glissez les bandes de Jeffytex à l'intérieur des poignées. Piquez les grands côtés à 2 mm du bord (pour maintenir le Jeffytex) (ill. 5).

• Positionnez les poignées sur l'endroit de la doublure, en les épinglant bien, et en prenant les carrés comme repères (ill. 6).

• Commencez à assembler l'extérieur du panier en posant un des côtés décorés sur le carré uni du fond, endroit contre endroit. Épinglez et piquez le côté situé sous le véhicule à 1,5 cm du bord, en commençant et en arrêtant la couture à 1,5 cm des extrémités (voir ill. 1 page 48 : explications du pouf).

• Assemblez de la même façon les trois autres côtés. Repassez bien les coutures pour les aplatir.

• Assemblez les côtés en vous reportant aux illustrations et explications du pouf (page 48)

• Procédez de la même façon pour assembler la doublure (en positionnant les poignées face à face), en laissant une ouverture de 25 cm au centre d'une des coutures.

• Assemblez l'extérieur du panier à sa doublure en les glissant l'un dans l'autre, endroit contre endroit et en piquant tout autour à 1,5 cm du bord (ill. 7).

• Retournez sur l'endroit par l'ouverture laissée dans la doublure, puis glissez les carrés de Jeffytex à l'intérieur du panier, en les positionnant contre les cinq faces.

• Refermez l'ouverture à points glissés.

• Faites quelques points à la main sur les coutures au niveau des arrêtes du cube pour maintenir en place le Jeffytex.

• Brodez un gros point de feston (voir page 7) sur la bordure, avec le fil à tricoter.

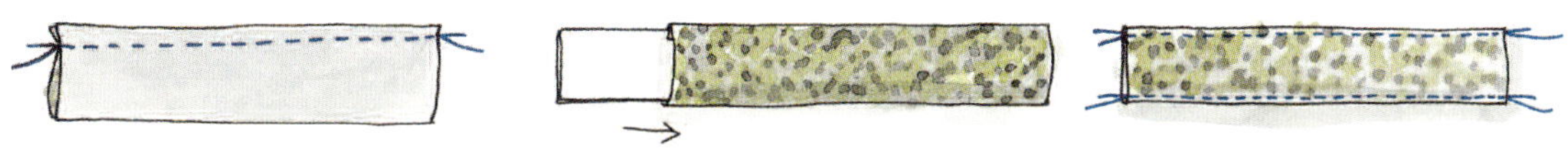

-5-

-4-

-6-

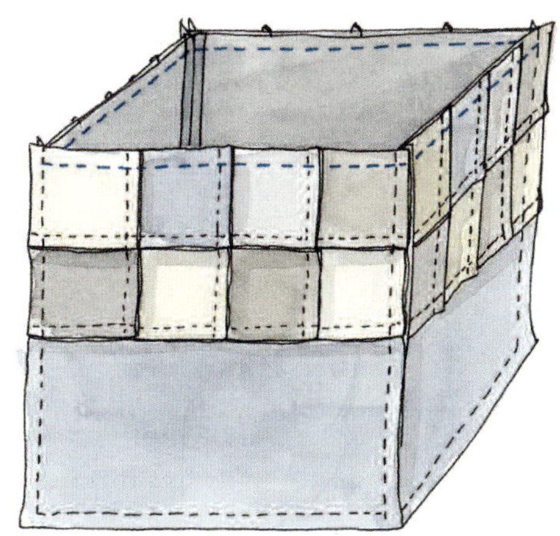

-7-

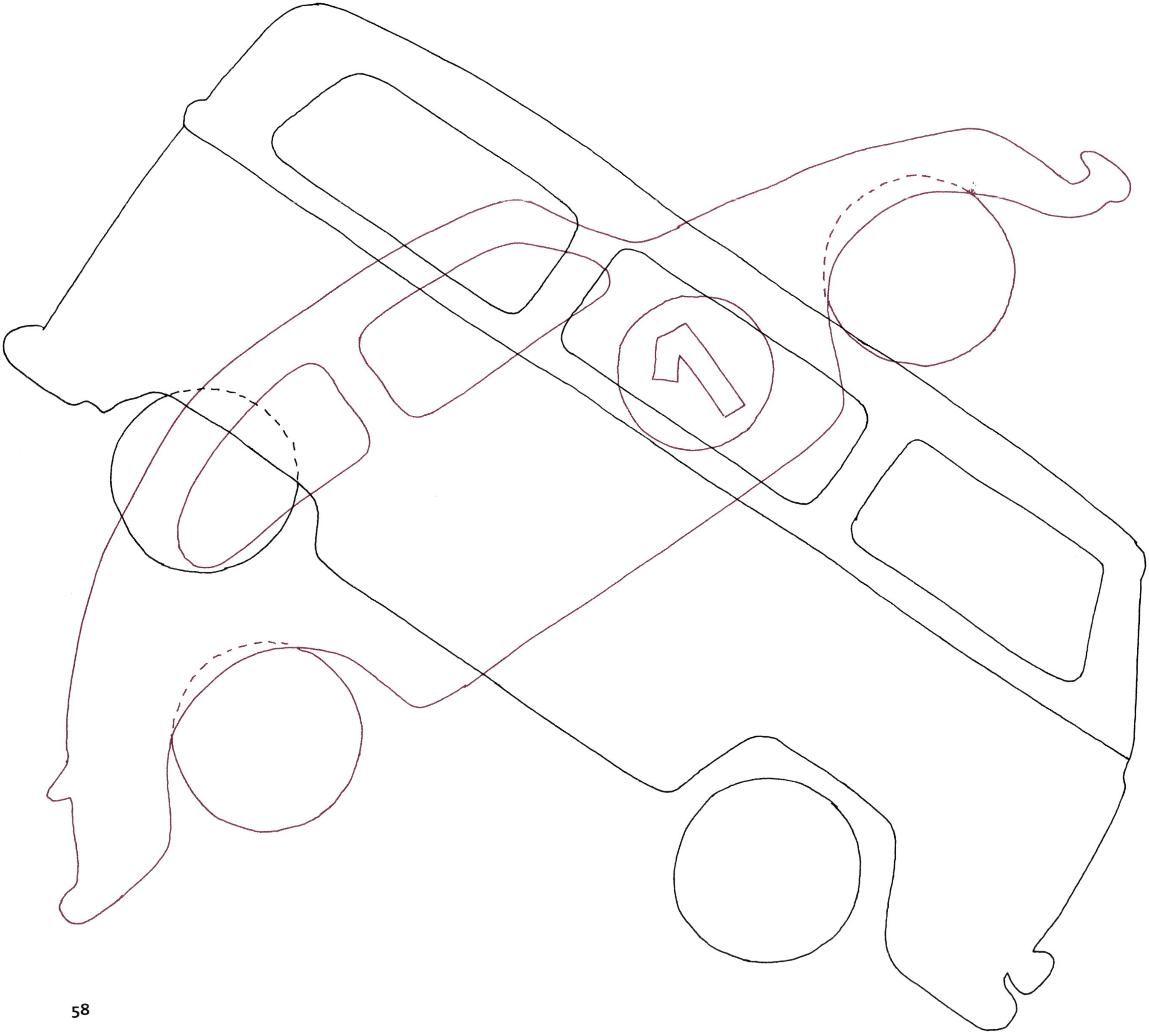

Vintage

Coussins puzzle

Taille d'un coussin :
38 cm de côté x 4 cm d'épaisseur

Fournitures

 Velours milleraies gris étain : 80 x 80 cm

 Velours milleraies grège : 80 x 80 cm

 Popeline moutarde à étoiles blanches : une bande de 5 x 180 cm

 Popeline noire à pois gris : une bande de 5 x 180 cm

 Liberty Chicane : une bande de 5 x 180 cm

 Liberty Tom's jet : une bande de 5 x 180 cm

– Kapok

Coupe

- Sur une feuille de papier de 42 x 42 cm, relevez les 4 tracés (page 61), reliez-les aux intersections, A et A', B et B', C et C' et D et D' : vous obtenez la découpe de la pièce de puzzle à taille réelle.

- Recto/verso des coussins : coupez deux fois la pièce de puzzle.

- Tranche : pour chaque coussin, coupez une bande de 180 x 5 cm dans le coton imprimé.

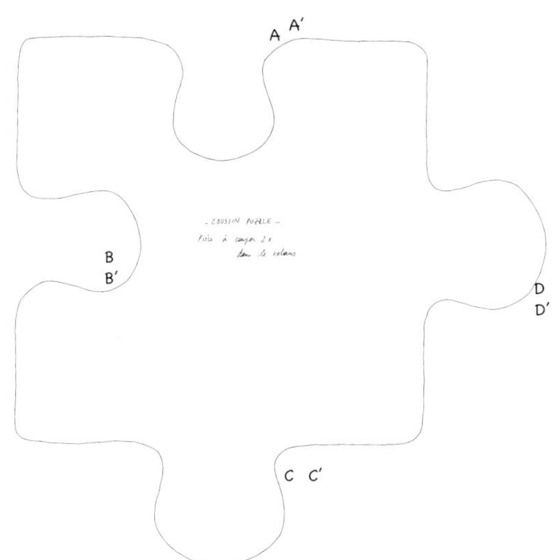

Chambre de fille

Valisette

Taille de la valisette : 19 cm de hauteur x 25 cm de largeur x 9 cm d'épaisseur

Fournitures

Liberty Tana Lawn Droxford (pour l'extérieur de la valisette) : 30 x 140 cm de laize

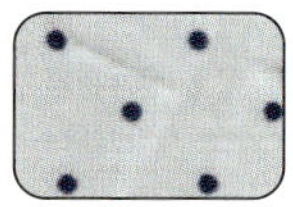

Coton brume à pois aubergine (pour l'intérieur de la valisette) : 30 x 140 cm de laize

Coton taupe à pois aubergine (pour les poignées) : deux rectangles de 38 x 8 cm

- Ouatine fine (pour la doublure) : 30 x 140 cm de laize
- Jeffytex (pour rigidifier la valisette) : 60 x 60 cm de laize
- Deux fermetures éclair de 30 cm de longueur

Coupe

- Extérieur de la valisette : coupez la base deux fois dans le Liberty (en double sur la pliure), puis coupez un rectangle de 27 x 10 cm (pour la tranche arrière) et deux bandes de 64 x 6 cm (pour la fermeture).

- Intérieur de la valisette : coupez la base deux fois dans le coton à pois (en double sur la pliure), puis coupez un rectangle de 27 x 10 cm (pour la tranche arrière) et deux bandes de 64 x 6 cm (pour la fermeture).

- Doublure en ouatine : coupez la base deux fois dans le molleton (en double sur la pliure), puis coupez un rectangle de 27 x 10 cm et deux bandes de 64 x 6 cm.

- Poignées : coupez deux rectangles de 38 x 8 cm dans le coton à pois.

- Doublure en Jeffytex : coupez la base deux fois en enlevant une marge de 1,5 cm tout autour, coupez un rectangle de 24 x 7 cm (tranche arrière), deux bandes de 60 x 3,5 cm (bandes de fermeture) et deux rectangles de 35 x 2,8 cm (poignées).

Réalisation

- Posez les pièces en Liberty sur leurs doublures en ouatine (envers du Liberty contre la ouatine) et bâtissez tout autour à 0,5 cm du bord pour les maintenir ensemble.

- Bâtissez les 2 fermetures éclair sur une des bandes en Liberty, envers contre envers, en faisant se rencontrer les fermetures au centre de la bande (ill. 1).

- Posez par dessus une des bandes en coton à pois, endroit contre endroit, puis épinglez et piquez à 0,7 cm du bord, en commençant et en arrêtant la couture à 1,5 cm des extrémités (ill. 2).

- Procédez de même pour assembler l'autre partie des fermetures éclair sur les autres bandes.

- Pliez en deux sur la longueur un des rectangles de coton destiné aux poignées. Piquez les trois côtés à 1 cm du bord, en laissant une ouverture de 5 cm (ill. 3).

- Coupez les angles, retournez par l'ouverture puis repassez bien. Glissez une bande de Jeffytex par l'ouverture, puis piquez tout autour à 2 mm du bord (ill. 3 bis). Procédez de la même façon pour la deuxième poignée.

- Posez devant vous une des bases de la valisette en Liberty. Posez par dessus la tranche arrière (endroit contre endroit), épinglez et piquez à 1 cm du bord en commençant et en arrêtant la couture à 1 cm des extrémités (ill. 4). Assemblez l'autre base de l'autre côté de la tranche.

- Faites la même chose avec la doublure, en laissant une ouverture de 20 cm au milieu d'un des grands côtés (ill. 5).

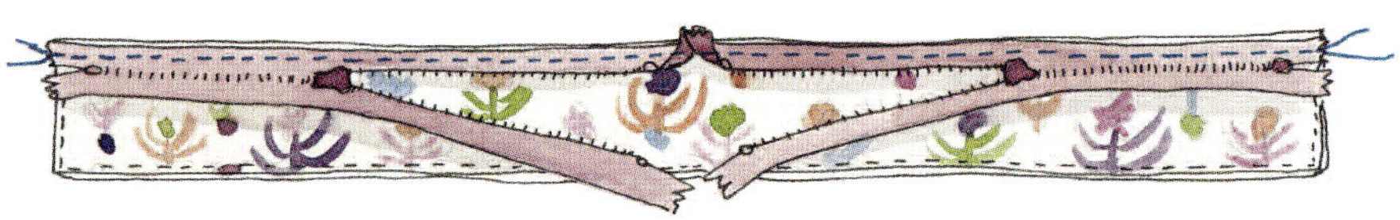

-1-

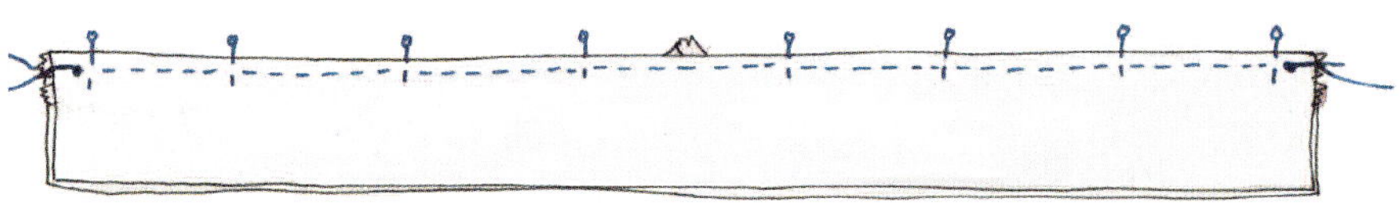

-2-

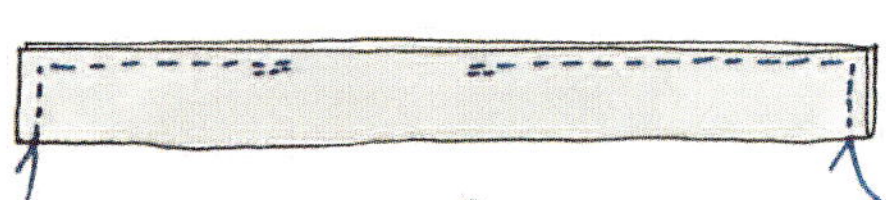

-3-

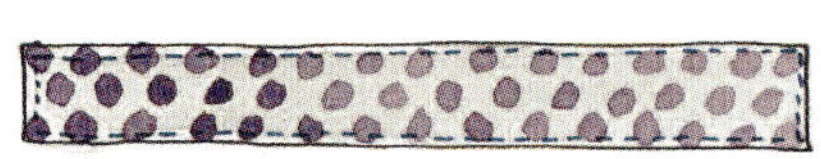

-3 bis-

-4-

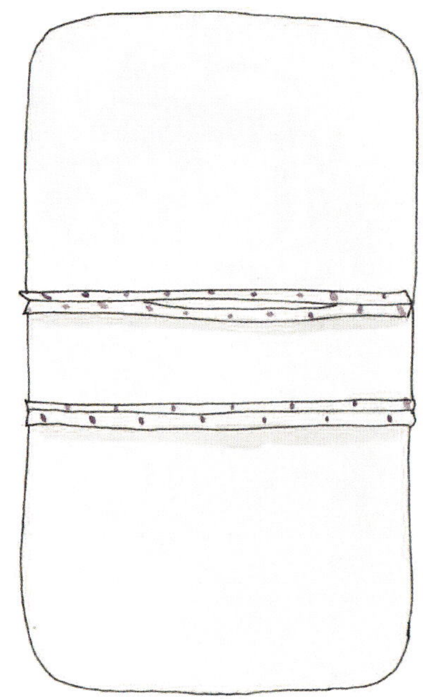

-5-

• Cousez les poignées sur les bases en Liberty en vous aidant du patron pour le placement (ill. 6).

• Commencez à monter la valisette en faisant coïncider un petit côté de la tranche arrière avec la bande de fermeture (ill. 7).

Épinglez puis piquez à 1 cm du bord en commençant et en arrêtant la couture à 1 cm des extrémités. Prenez garde à bien soulever la doublure à pois pour ne pas la prendre dans la couture.

• Procédez de la même façon de l'autre côté pour que les deux petits côtés de la tranche arrière soient fixés (ill. 8).

• Il reste une étape un peu délicate qui est de repartir le tissu de la bande sur la base de la valisette. Pour cela, bâtissez la couture à 1 cm du bord en faisant pivoter la bande de tissu sur la base au fur et à mesure de la progression. Si, en arrivant au bout de la bande, vous avez trop de tissu, recommencez le bâti en plissant légèrement le tissu. Si, au contraire, vous n'avez pas assez de tissu, recommencez en tirant un peu sur la bande.

Quand vous êtes satisfaite de votre bâti, vous pouvez piquer par dessus, puis cranter les arrondis.

• Procédez de la même façon pour assembler la doublure.

• Vous pouvez maintenant retourner la valisette sur l'endroit (par l'ouverture laissée dans la doublure).

• Glissez les différentes parties du Jeffytex par cette ouverture et maintenez-les en place par de petits points discrets (réalisés à la main) sur les coutures.

• Fermez l'ouverture à points glissés.

- 6 -

- 7 -

- 8 -

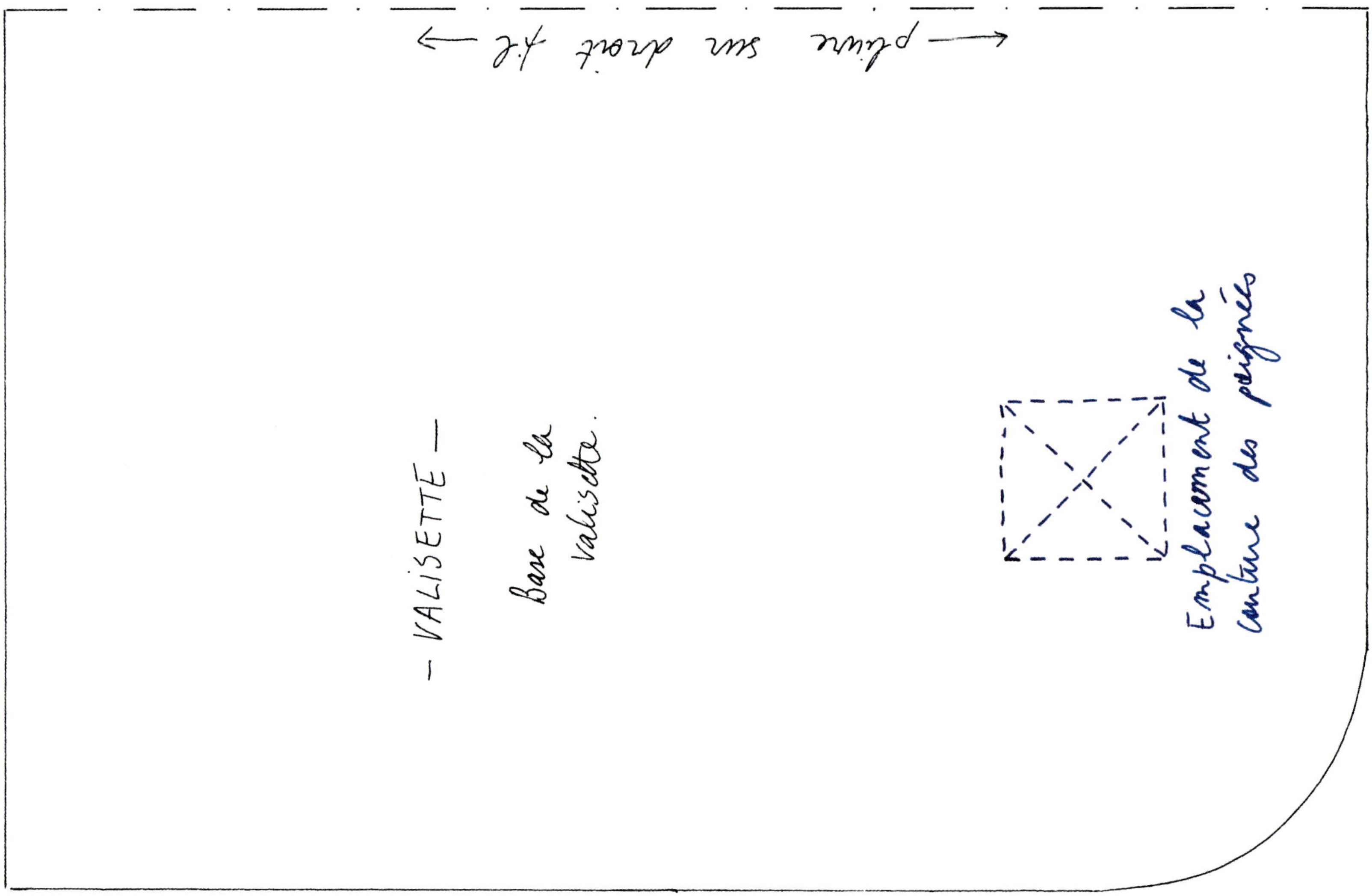
← pliure sur droit fil →
— VALISETTE —
Base de la valisette.
Emplacement de la couture des poignées

Miroir Matriochka

Taille du miroir : 47 x 38 cm

Fournitures

Liberty Tuesday trees : 25 x 30 cm

Baptiste figue à étoiles : 50 x 45 cm

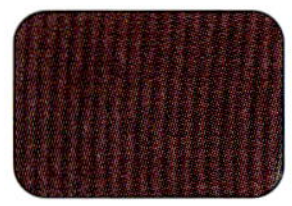

Velours milleraies prunelle : 110 x 45 cm

- Jeffytex (pour rigidifier la matriochka) : 48 x 38 cm
- Viseline
- Coton perlé vieux rose
- 1 miroir rond ou carré d'une largeur de 20 cm

Coupe

- Base de la Matriochka : coupez la base une fois dans la baptiste figue à étoiles et une fois dans le velours milleraies (en double sur la pliure).

- Foulard : coupez une fois (en double sur la pliure) dans le velours milleraies, après avoir thermocollé la viseline sur l'envers du tissu.

- Tablier : coupez une fois (en double sur la pliure) dans le Liberty, après avoir thermocollé la viseline sur l'envers du tissu.

- Parementure : coupez une fois (en double sur la pliure) dans le velours milleraies.

- Doublure en Jeffytex : coupez la base une fois en enlevant une marge de 1,5 cm tout autour des bordures.

Mahaut

Réalisation

- Sur la base de la Matriochka en baptiste figue, positionnez le tablier (en vous aidant du patron pour le placement), épinglez et cousez-le avec un point zigzag très serré (ill. 1).

-1-

-2-

- De la même façon, appliquez le foulard (ill. 2).

- Posez la parementure endroit contre endroit sur la tête de la matriochka, piquez tout autour à 1 cm du bord central, crantez puis retournez la parementure vers l'arrière (ill. 3). Repassez bien.

- Posez le miroir sur le Jeffytex et posez par dessus la matriochka pour ajuster la position du miroir. Faites des encoches dans le Jeffytex pour y glisser le miroir (ill. 4).

-3-

- Posez la matriochka endroit contre endroit sur sa base en velours milleraies, et piquez tout autour à 1 cm du bord, en laissant une ouverture de 20 cm en bas. Crantez les arrondis, puis retournez par cette ouverture. Repassez bien.

- Glissez le Jeffytex par l'ouverture laissée, puis refermez-la à points invisibles.

- Au niveau de l'arrondi du visage, positionnez le Jeffytex à l'intérieur de la parementure, puis faites un point de feston tout autour avec le coton mouliné (voir page 7).

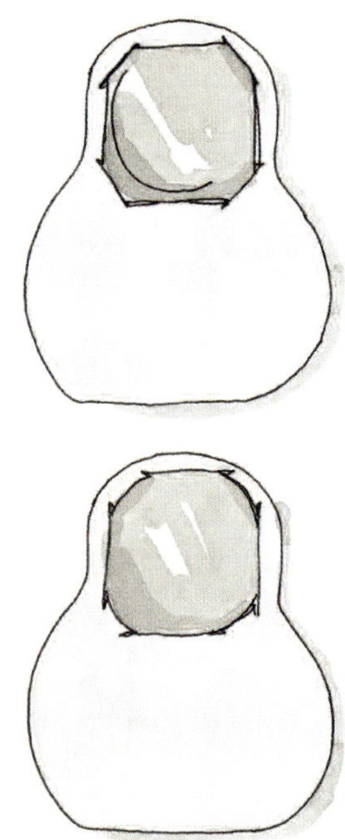

-4-

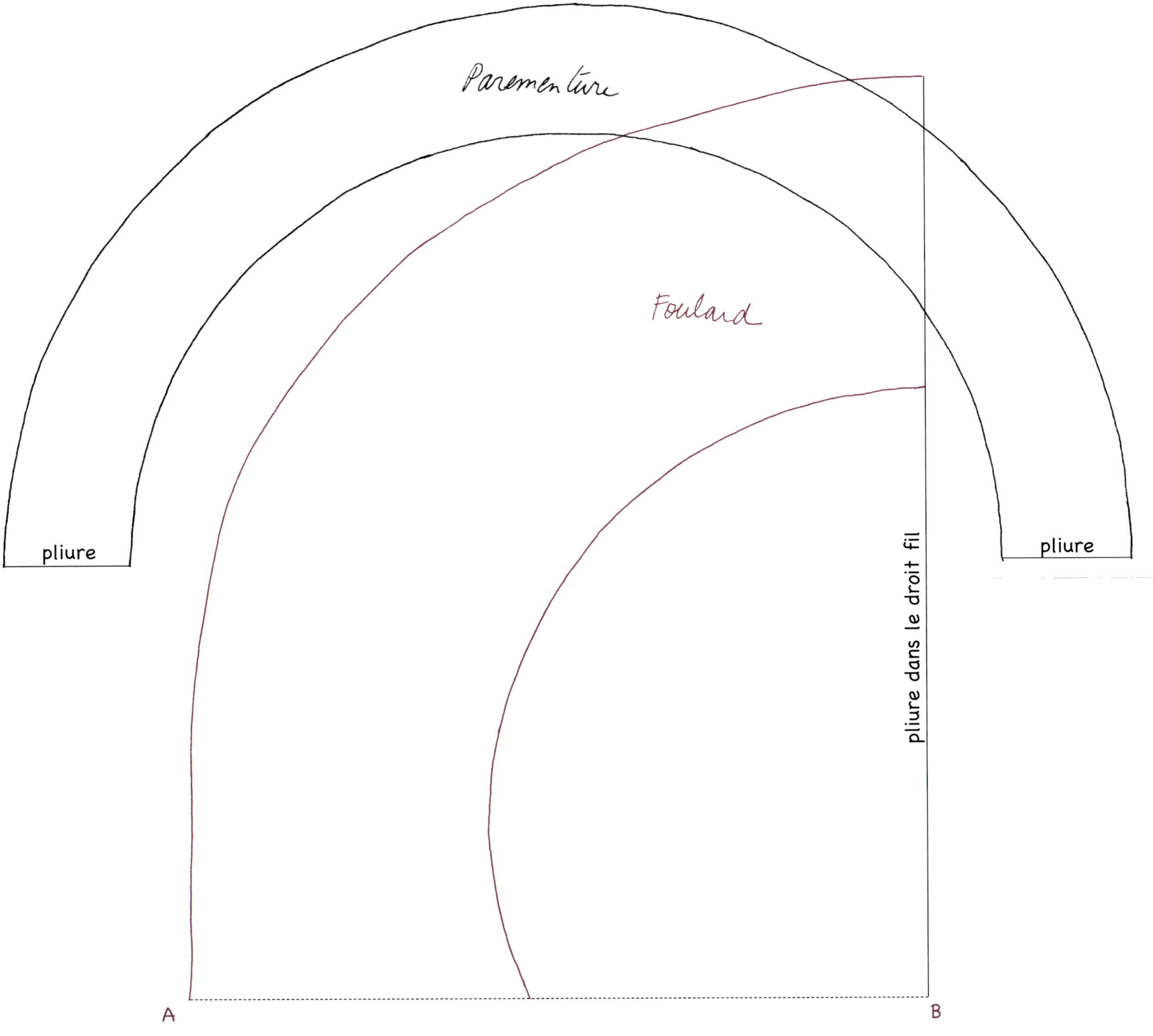
Parementure
Foulard
pliure
pliure
pliure dans le droit fil
A
B

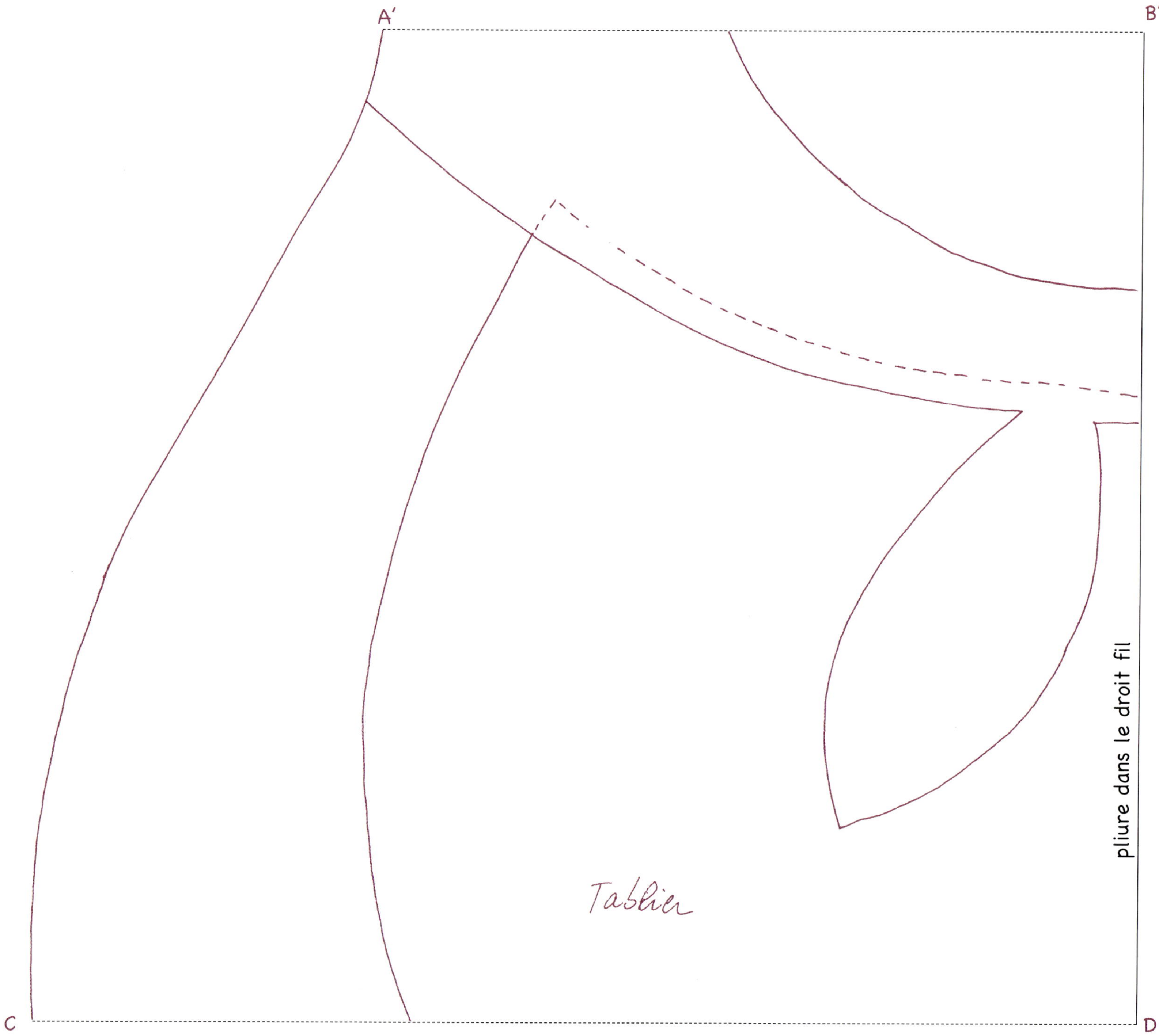
A'
B'
pliure dans le droit fil
Tablier
C
D

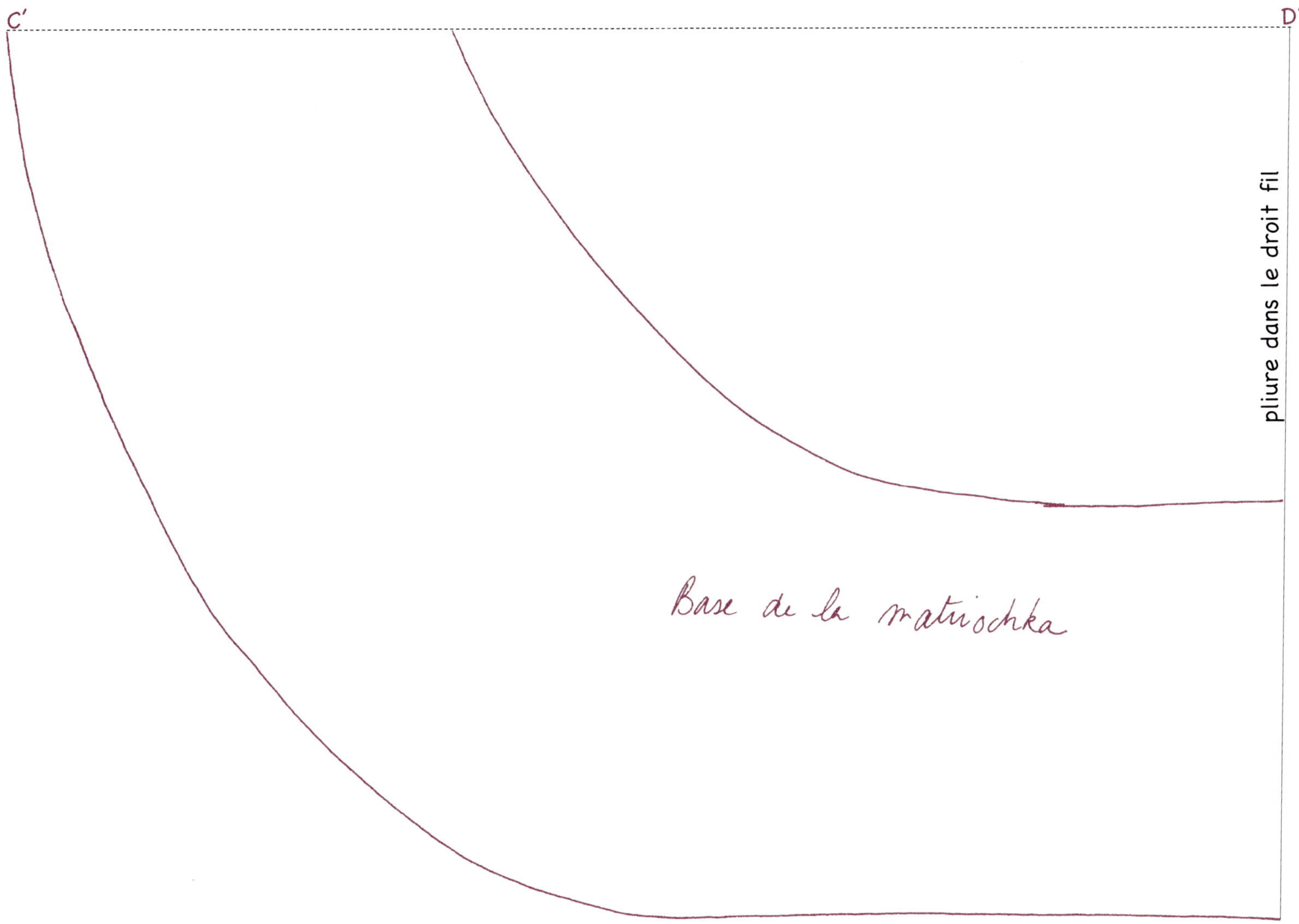
C'
D'
pliure dans le droit fil
Base de la matriochka

Édredon

Taille de l'édredon : 136 x 96 cm

Fournitures

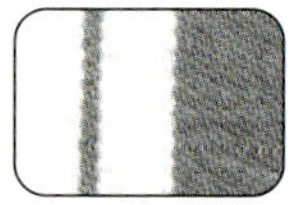

Toile à matelas rayée grise et blanche : 121 en 280 cm de laize

Popeline aubergine : 139 x 99 cm

Cotons imprimés de coloris assortis : quelques chutes

– Ganse à passepoil de diamètre 7 mm : 5 mètres

– Ouatine très épaisse : 135 x 95 cm
– Pied de machine à coudre spécial passepoil

Coupe

• Dessus de l'édredon : dans la toile à matelas, coupez un rectangle de 121 x 81 cm, deux bandes de 99 x 11 cm et deux bandes de 139 x 11 cm, en respectant bien le sens des rayures (voir le schéma de découpe).

• Envers de l'édredon : coupez un rectangle de 139 x 99 cm dans la popeline unie.

• Passepoil : dans les différents tissus imprimés, coupez des bandes de biais de 4 cm de large et de longueurs variables. Au total, vous devez arriver à une longueur de 5 mètres environ.

• Yoyos en tissus : dans les différents tissus imprimés, coupez 18 cercles de 9 cm de diamètre.

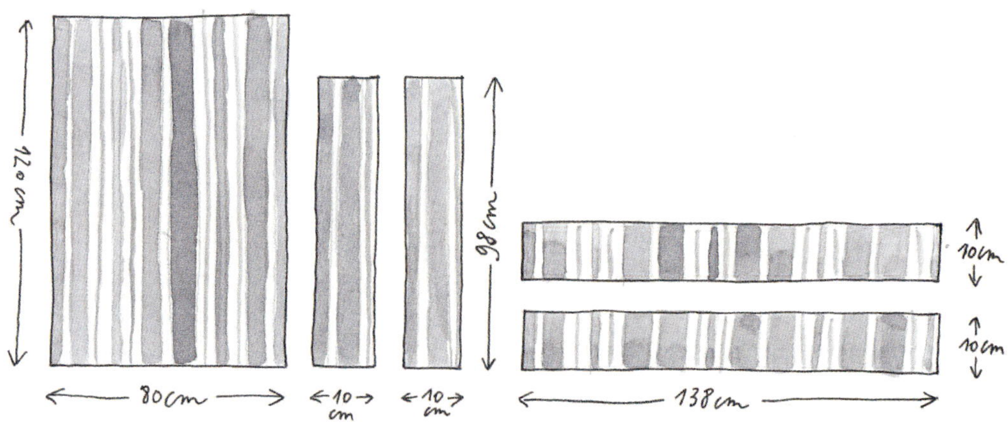

- scéma de découpe -

Réalisation

- Cousez ensemble et de façon aléatoire les différentes bandes de biais (ill. 1).

- Faites un nœud à une extrémité de la ganse à passepoil, puis posez-la au centre de la bande de tissu obtenue. Pliez en deux dans la longueur de façon à placer le passepoil entre les deux épaisseurs. Avec un pied à passepoil, piquez tout le long au raz du passepoil pour le maintenir (ill. 2).

- Posez une des petites bandes de toile à matelas endroit contre endroit sur le rectangle central (la bande doit dépasser de 9 cm de chaque côté). Piquez à 1,5 cm du bord en commençant et en arrêtant la couture à 1,5 cm des extrémités du rectangle (ill. 3).

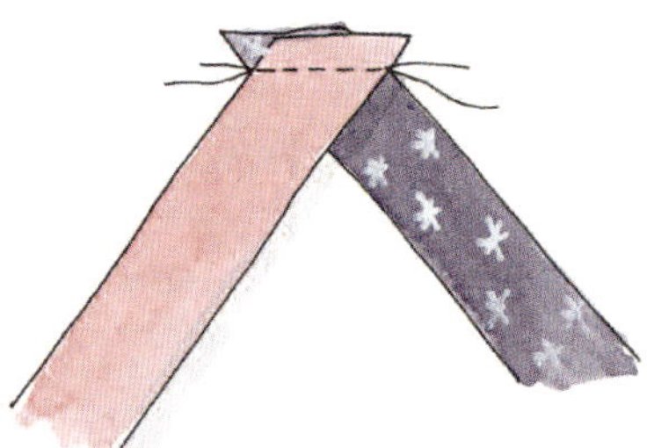

-1-

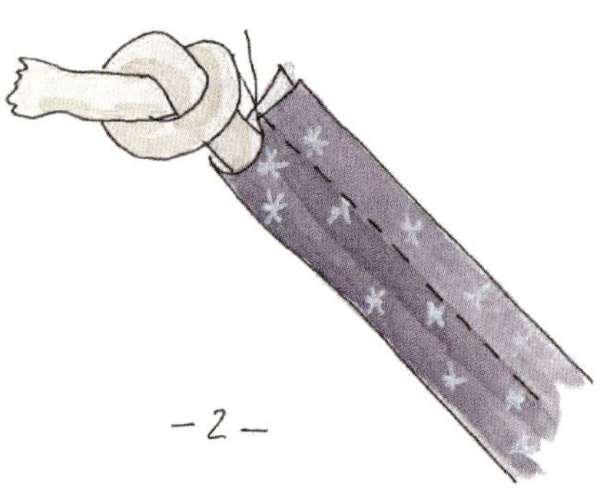

-2-

- Procédez de même pour les trois autres côtés.

- Formez les angles en pliant le rectangle central de façon à superposer (endroit contre endroit) les extrémités des bandes de côté. Épinglez puis marquez, avec un feutre textile, un ligne entre l'arrêt de la couture et l'angle (ill. 4).

- Piquez sur le tracé (en faisant de solides points d'arrêts) puis recoupez le surplus de tissu à 1 cm de la couture (ill. 5).

-3-

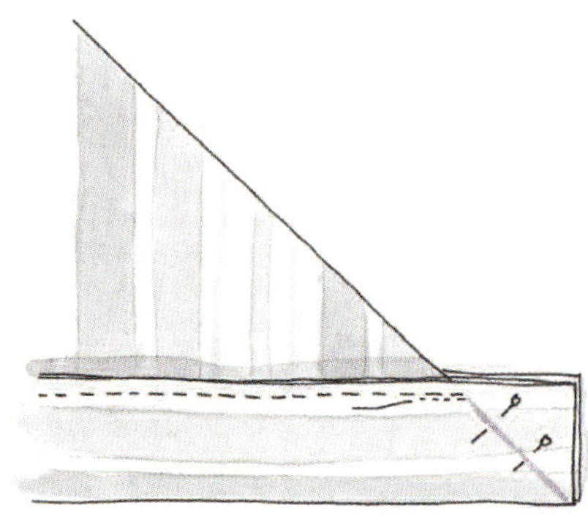

-4-

- De la même façon, cousez les trois autres angles, puis repassez-les bien pour les aplatir.

- Bâtissez le passepoil tout autour de la toile à matelas, en faisant un petit rentré au début (pour cela, décousez le passepoil sur quelques centimètres), et en faisant des arrondis dans les angles en crantant le passepoil (ill. 6).

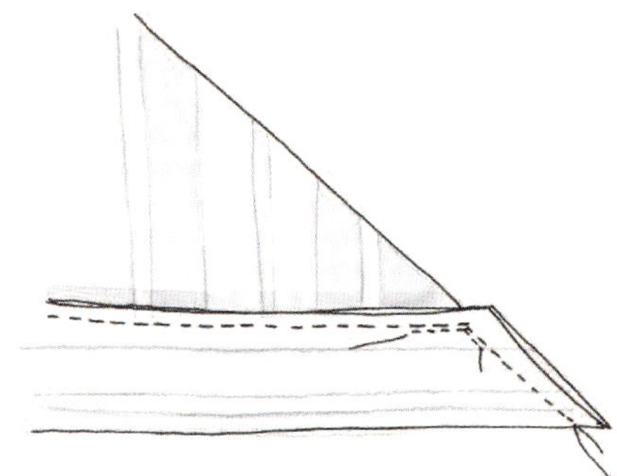

-5-

-6-

• Quand vous avez fait tout le tour, coupez les deux extrémités de la ganse à passepoil de façon à pouvoir les rejoindre, fixez-les ensemble avec du fil à coudre en faisant se chevaucher les extrémités de tissu sur 1 cm (ill. 7).

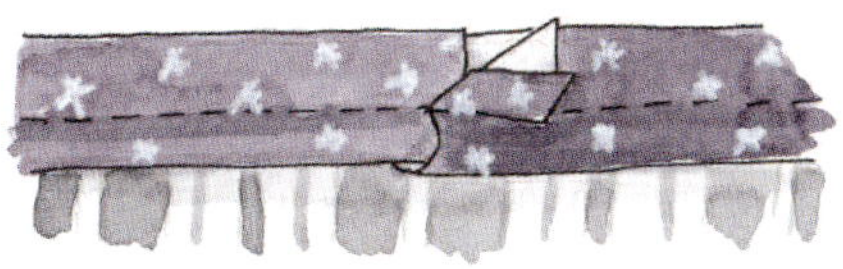

– 7 –

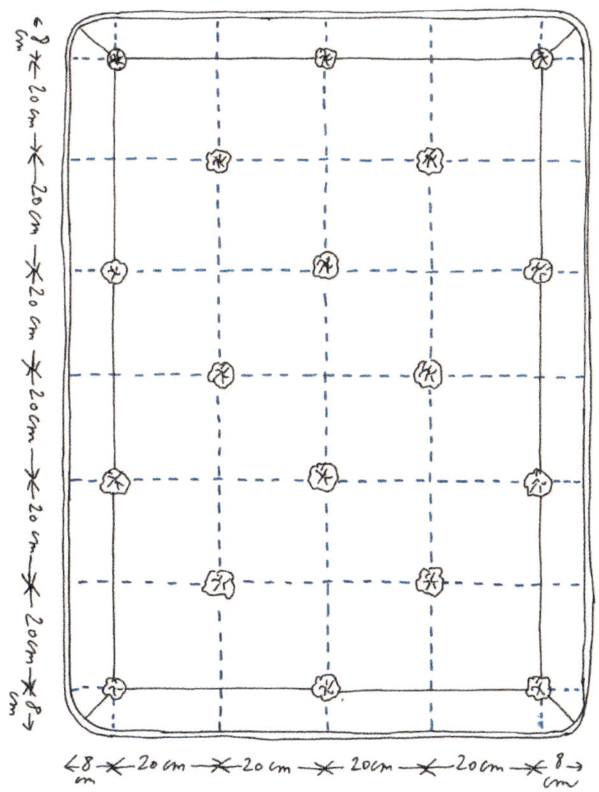

– 8 –

• Posez les deux faces du l'édredon endroit contre endroit et piquez (avec le pied à passepoil) tout autour à 1,5 cm du bord, en laissant une ouverture de 50 cm sur un des côtés.

• Retournez sur l'endroit, puis glissez la ouatine par cette ouverture. Refermez-la à points glissés.

• Confectionnez 18 yoyos (voir page 7), et cousez-les solidement sur l'édredon, aux emplacements indiqués (ill. 8).

Maison de poupée

Taille de la maison : 28 cm de hauteur par 26 cm de longueur et 21 cm de profondeur

Fournitures

Liberty Tana Lawn Tuesday trees : 105 x 30 cm (+ quelques chutes)

Baptiste figue à étoiles : 36 x 30 cm

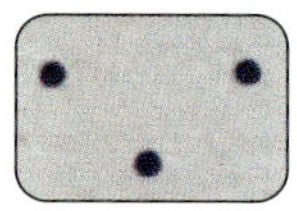

Baptiste brume à pois aubergine : 40 x 28 cm

Baptiste écureuil à pois aubergine : 40 x 28 cm (+ quelques chutes)

Baptiste souris à étoiles : 46 x 28 cm

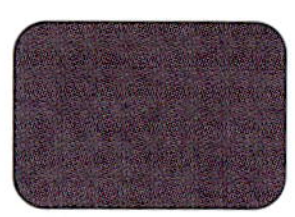

Popeline figue : 46 x 29 cm

– Jeffytex (pour rigidifier la maison) : 83 cm en 60 cm de laize
– Viseline
– Coton perlé vieux rose

Coupe

- Toit de la maison : coupez deux fois (en double sur la pliure) dans la baptiste figue à étoiles (pour l'extérieur) et deux fois dans le Liberty (pour l'intérieur).
- Côtés de la maison : coupez deux fois (en double sur la pliure) dans le Liberty (pour l'extérieur) et deux fois dans la popeline figue (pour l'intérieur). Attention, ne coupez l'ouverture ronde que sur un seul côté pour chaque tissu, après avoir thermocollé un carré de 12 x 12 cm de viseline sur l'envers du tissu, au niveau de l'ouverture.
- Façades de la maison : coupez deux fois dans la baptiste brume à pois (pour l'extérieur) et deux fois dans la baptiste écureuil à pois (pour l'intérieur). Attention, ne coupez l'ouverture pour la porte que sur une seule façade pour chaque tissu, après avoir thermocollé un rectangle de 17 x 13 cm de viseline sur l'envers du tissu, au niveau de l'ouverture.
- Base de la maison : coupez deux rectangles de 23 x 28 cm dans le Liberty.
- Fenêtre : coupez un carré de 10 x 10 cm dans la baptiste écureuil à pois.
- Poignée : coupez trois bandes de 32 x 3,5 cm dans les tissus de votre choix.
- Doublure en Jeffytex : coupez un rectangle de 20 x 25 cm pour la base de la maison, puis coupez deux fois, en enlevant une marge de 1,5 cm autour de chaque pièce : le toit, le mur de côté et la façade. Découpez la porte sur une seule façade et la fenêtre ronde sur un seul côté.

Réalisation

- Marquez au fer à repasser un rentré de 1 cm tout autour du carré destiné à la fenêtre. Posez-le sur la façade extérieure, épinglez puis fixez-le avec un point de feston tout autour (ill. 1).

- Posez un des côtés extérieurs sur une des façades extérieures, endroit contre endroit. Épinglez et piquez un côté à 1 cm du bord en commençant et en arrêtant la couture à 1 cm des extrémités (ill. 2).

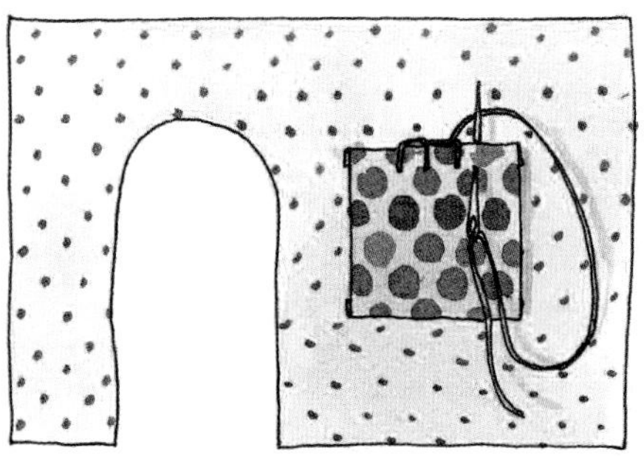

-1-

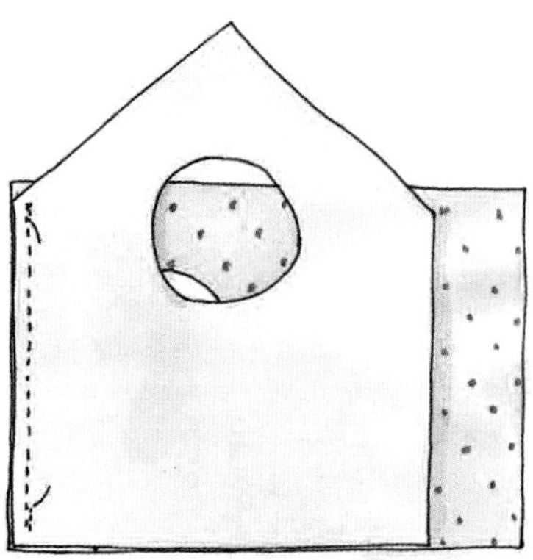

-2-

- De la même façon, assemblez tous les côtés et le dessous de la maison, en suivant le schéma de montage (ill. 3).

- Assemblez ensuite ensemble (toujours en commençant et en arrêtant la couture à 1 cm des extrémités) : les côtés A et A', B et B', C et C' et D et D'.

- De la même façon, assemblez la doublure de la maison, en faisant bien attention à ce que les ouvertures (porte et fenêtre) coïncident.

- Assemblez maintenant l'extérieur de la maison à sa doublure en les glissant l'une dans l'autre, endroit contre endroit et en piquant tout autour à 1 cm du bord (ill. 4).

- Retournez sur l'endroit par l'ouverture de la porte.

- Par la même ouverture, glissez les éléments en Jeffytex à l'intérieur de la maison, en les positionnant contre les cinq faces.

- Refermez l'ouverture à la base de la porte par des points invisibles.

- Avec le coton perlé, faites un point de feston (voir page 7) autour de la porte, de la fenêtre, en ajustant bien les tissus et le Jeffytex pour que les ouvertures coïncident parfaitement.

- Faites quelques points à la main sur les coutures au niveau des arêtes

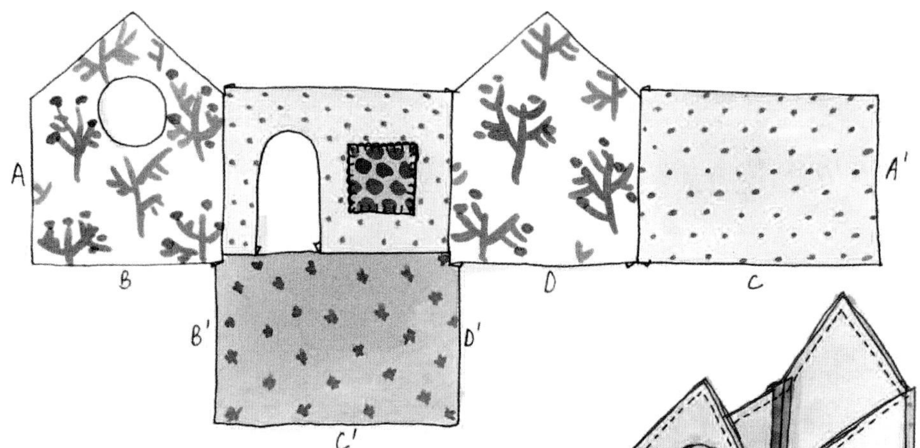

-3-

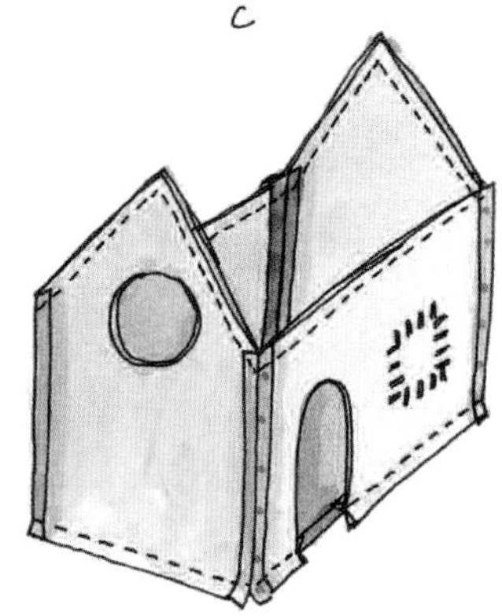

-4-

de la maison pour maintenir en place le Jeffytex puis brodez un point de feston sur le haut de la maison (voir page 7).

- Pour former la poignée, pliez les bandes de tissu de façon à obtenir des rubans (ill. 5), puis tressez-les ensemble.

- Épinglez cette tresse sur une des pièces du toit (tissu extérieur) (ill. 6), puis posez par dessus l'autre pièce. Épinglez et piquez à 1 cm du bord (ill. 7).

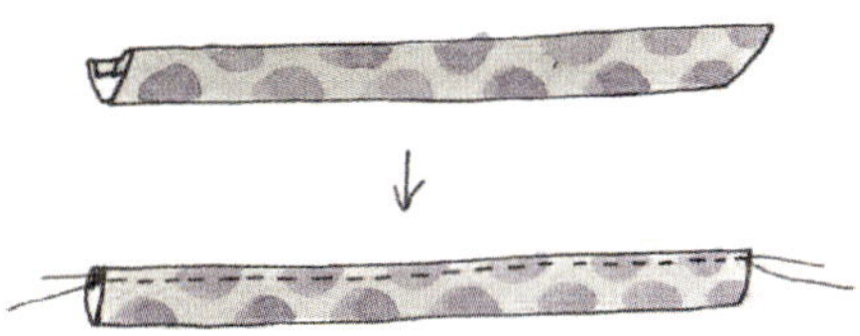

-5-

-6-

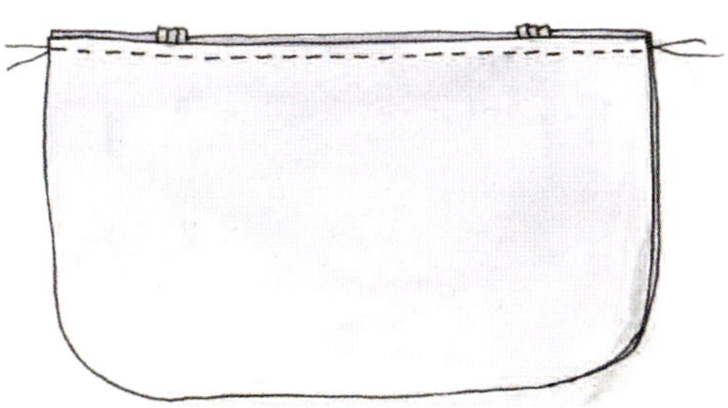

-7-

- Assemblez de la même façon la doublure du toit (sans la poignée cette fois-ci !).

- Repassez bien les coutures, puis posez l'extérieur du toit et sa doublure endroit contre endroit. Piquez tout autour à 1 cm du bord en laissant une ouverture de 15 cm sur un des côtés (ill. 8).

- Retournez par cette ouverture, repassez bien puis glissez les éléments de Jeffytex. Fermez l'ouverture à points invisibles, puis brodez un point de feston tout autour du toit (voir page 7).

- Posez le toit sur la maison, ajustez le bien (il doit dépasser un peu sur les côtés et les façades de la maison, puis fixez-le sur l'arrière en faisant une couture à la main de la pointe du côté droit à la pointe du côté gauche, de façon à pouvoir soulever le toit d'un côté (ill. 9).

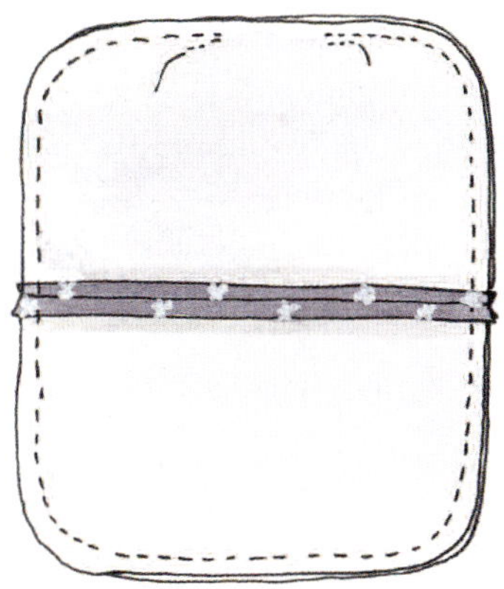

-8-

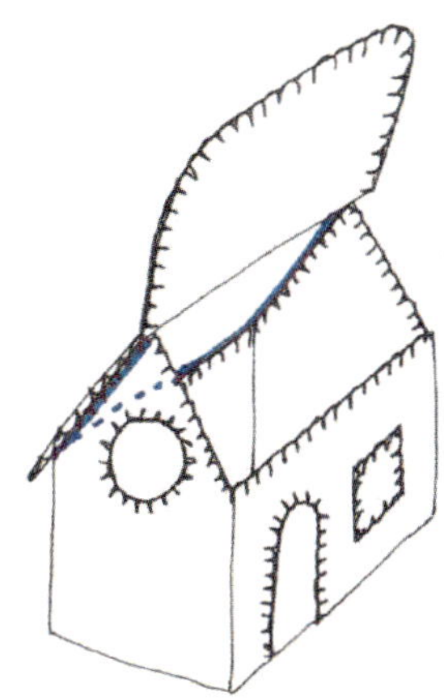

-9-

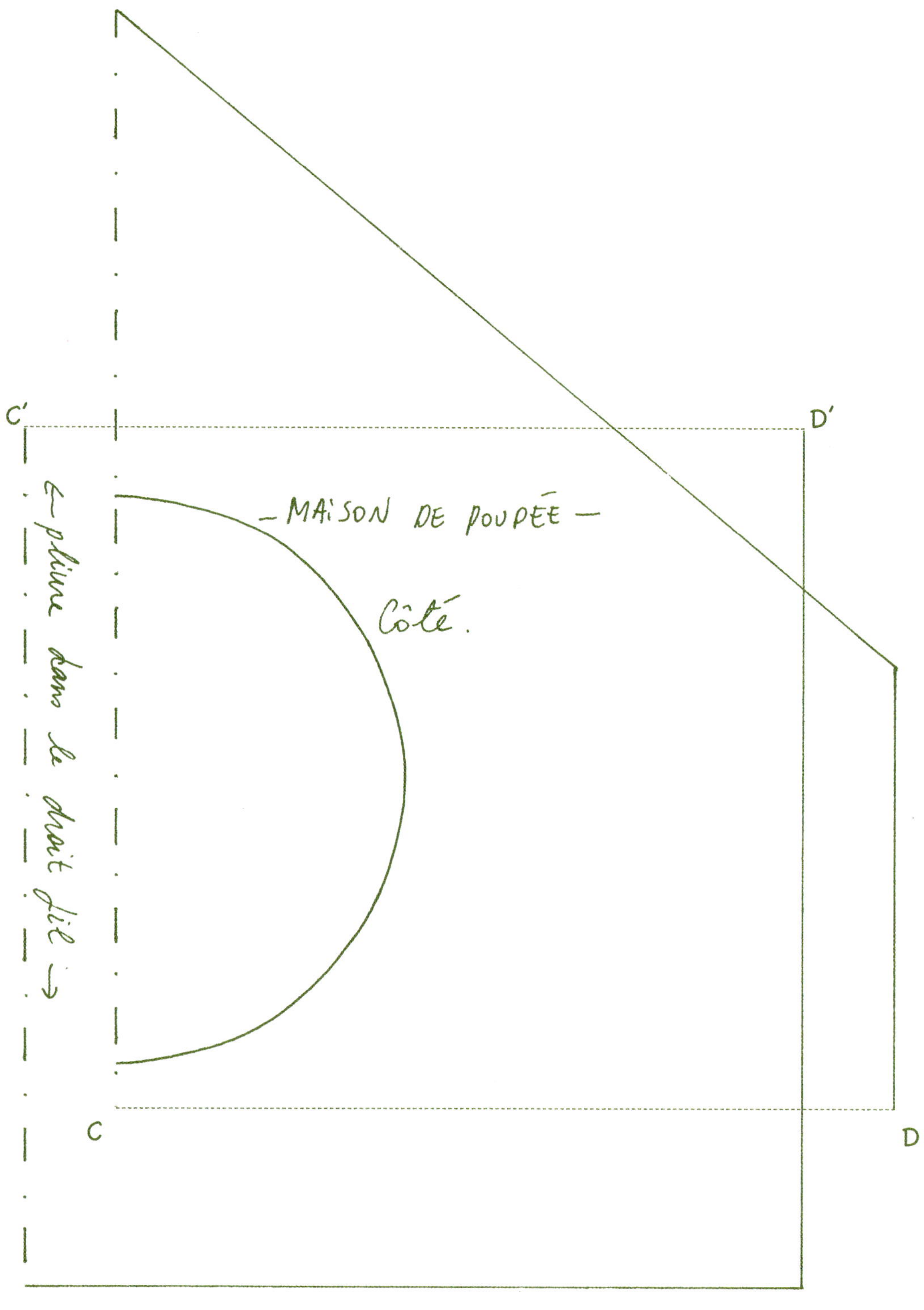
C'
D'
— MAISON DE POUPÉE —
Côté.
← pliure dans le droit fil →
C
D
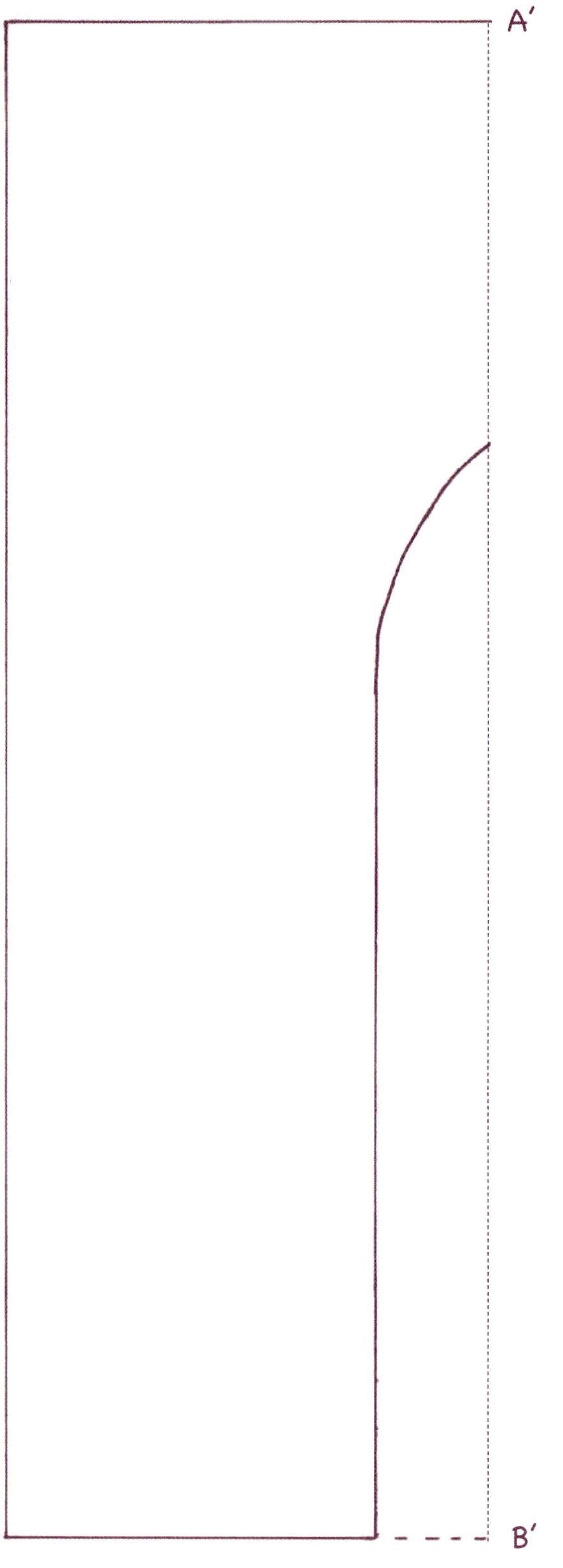
A'
B'

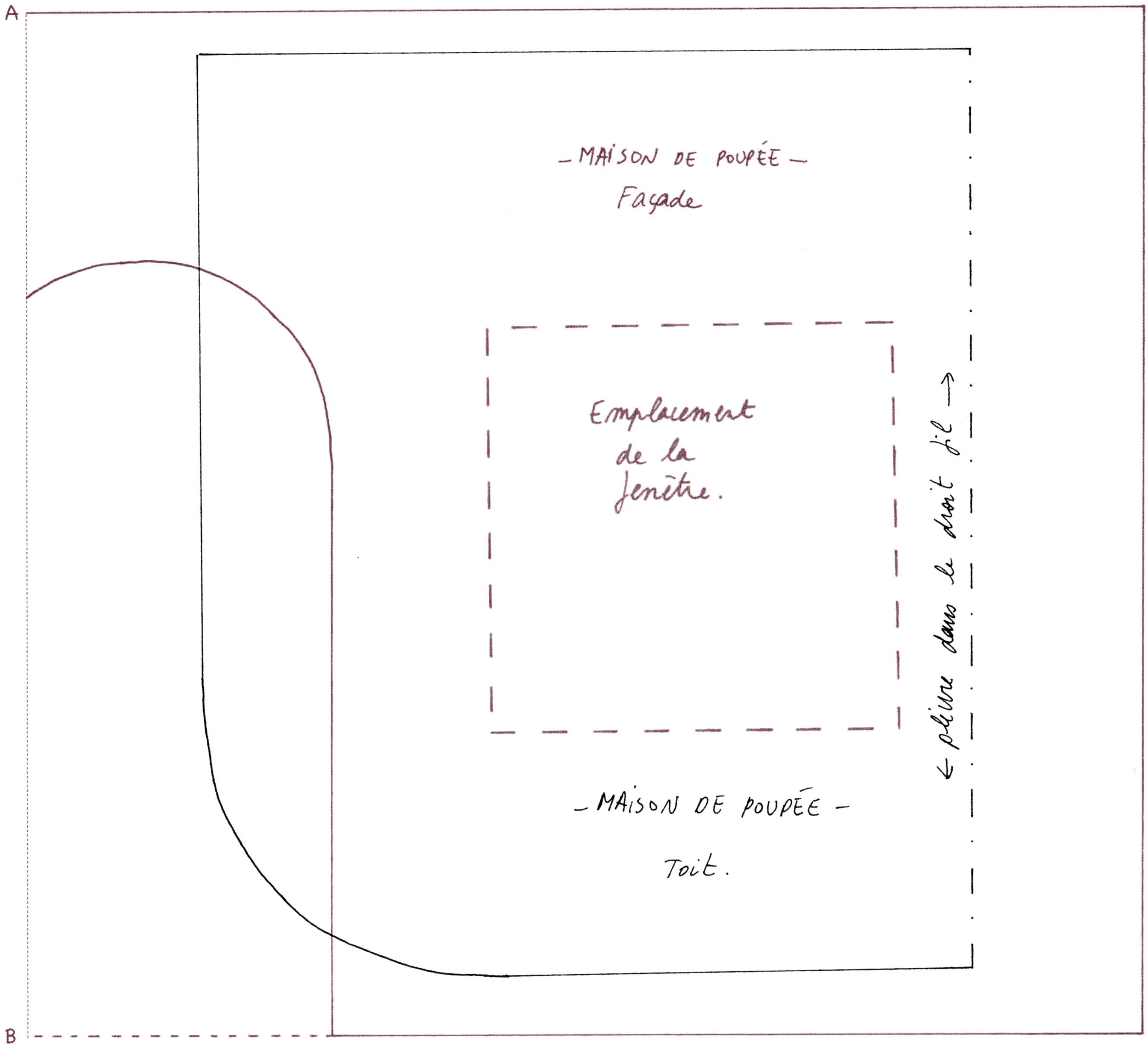
A
– MAISON DE POUPÉE –
Façade
Emplacement de la fenêtre.
← pliure dans le droit fil →
– MAISON DE POUPÉE –
Toit.
B

Tapis marelle

Taille du tapis : 100 x 150 cm

Fournitures

Laine bouillie améthyste : 1 m en 150 cm de laize

Liberty Tana Lawn Tuesday trees : 40 x 25 cm

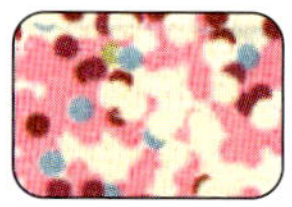

Liberty Tana Lawn Snug : 40 x 25 cm

Liberty Tana Lawn Tatum : 40 x 25 cm

Liberty Tana Lawn Droxford : 40 x 25 cm

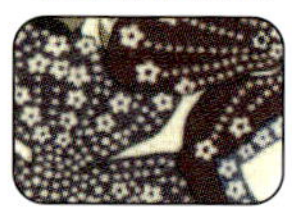

Liberty Tana Lawn Mauvey : 40 x 25 cm

Baptiste figue à étoiles : 20 x 25 cm

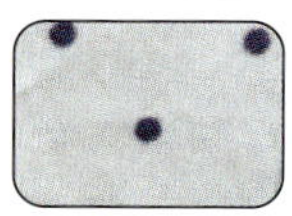

Baptiste brume à pois aubergine : 40 x 25 cm

Baptiste écureuil à pois aubergine : 75 x 20 cm

Popeline figue : 50 x 20 cm

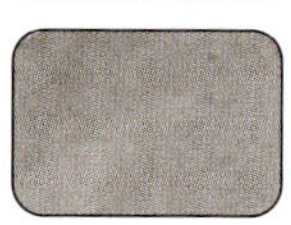

Popeline écureuil : 20 x 15 cm

– Viseline
– Feutre anti-dérapant pour tapis : 1 m en 150 cm de laize
– Fil à tricoter rose fuchsia

Coupe

- Base du tapis : coupez un rectangle de 100 x 150 dans la laine bouillie et l'anti-dérapant, puis coupez les quatre angles de chaque rectangle en vous aidant du patron de l'arrondi.

- Case du « ciel » : coupez une fois, dans la pliure, dans la popeline figue, après avoir thermocollé la viseline sur l'envers du tissu.

- Case de la « terre » : coupez un rectangle de 60 x 20 cm dans la baptiste écureuil à pois aubergine, après avoir thermocollé la viseline sur l'envers du tissu.

- Cases des chiffres : coupez un rectangle de 25 x 20 cm dans le Liberty Snug, le Liberty Tuesday trees, le Liberty Tatum, le Liberty Droxford, le Liberty Mauvey, la baptiste figue à étoiles et la baptiste brume à pois aubergine, après avoir thermocollé la viseline sur l'envers du tissu.

- Coupez les lettres formant les mots « ciel » et « terre », ainsi que les chiffres 1, 2, 3, 4, 5, 6 et 7 dans les différents tissus (en vous aidant de la photo), après avoir thermocollé la viseline sur l'envers du tissu.

Ciel
6
7
5
3
4
2
1
Terre

Réalisation

- Faites un point zigzag ou un surjet tout autour de chacune des cases de la marelle.

- Épinglez puis cousez (avec un point zigzag très serré) les chiffres au centre des cases correspondantes (ill. 1).

- Épinglez puis cousez (avec un point zigzag très serré) les lettres pour former les mots « ciel » et « terre » sur les cases correspondantes.

- En vous aidant du schéma de placement (ill. 2), positionnez chaque case sur le grand rectangle de laine bouillie. Épinglez puis cousez-les avec un point avant à 2 mm du bord tout autour de chaque case.

- Posez le tapis sur l'anti-dérapant (envers contre envers) et faites un gros point de feston (voir page 7) tout autour du tapis en cousant ensemble les deux épaisseurs pour les maintenir.

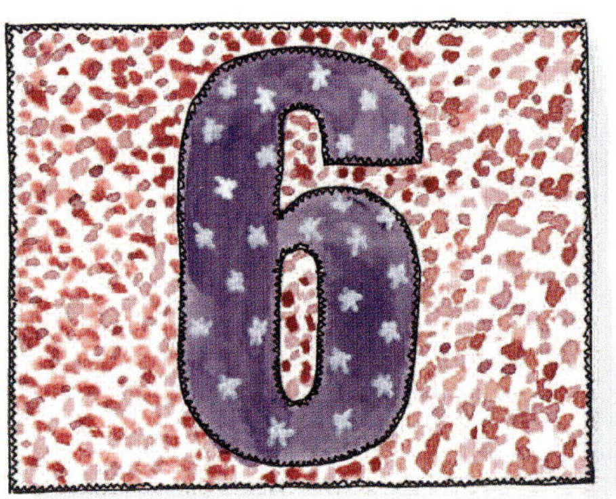

-1-

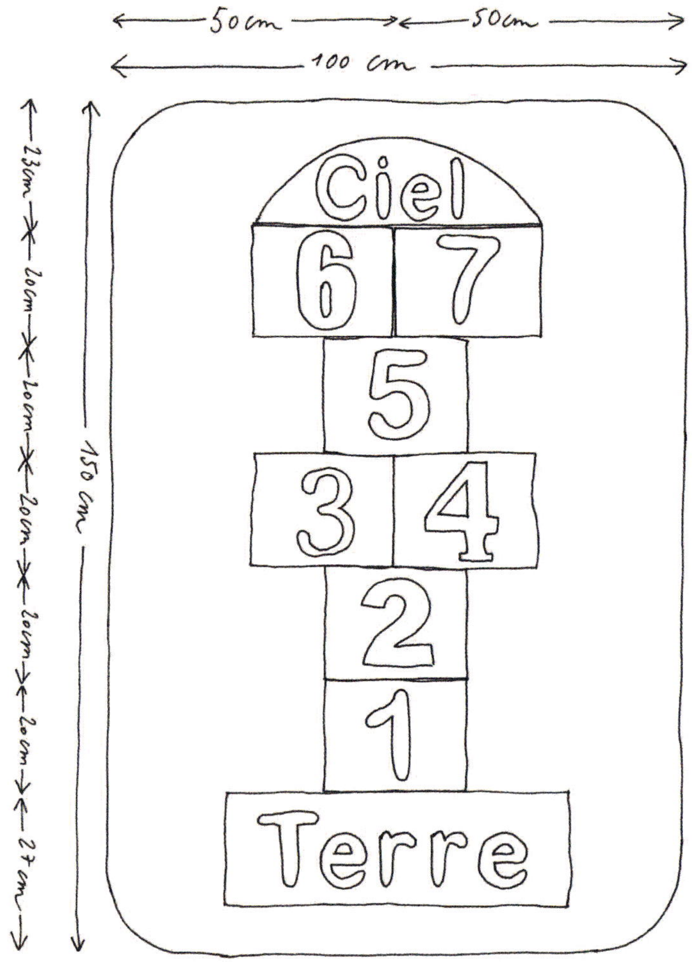

-2-

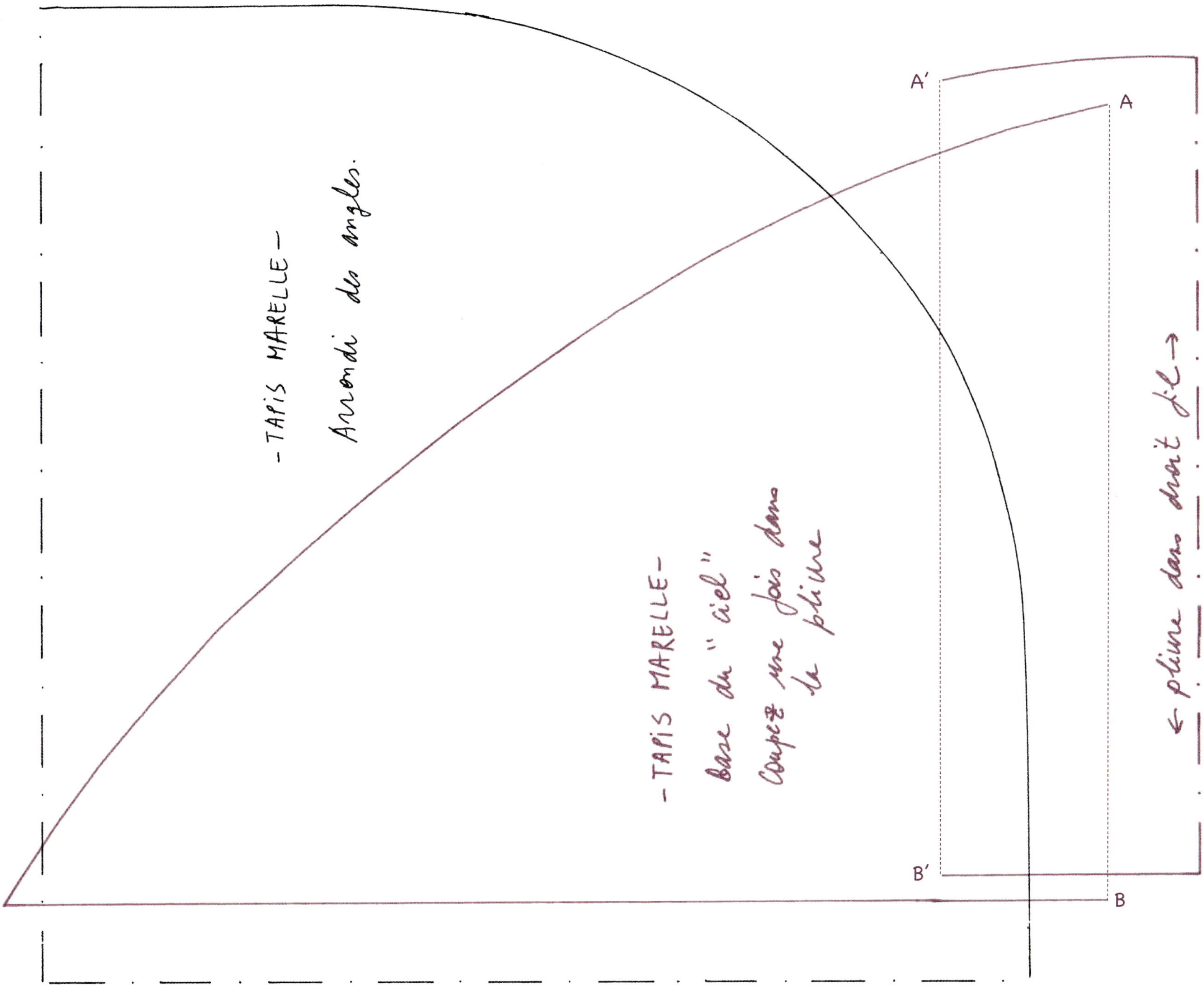

- TAPIS MARELLE -
Arrondi des angles.
- TAPIS MARELLE -
Base du " ciel "
Coupez une fois dans la pliure
A'
A
B'
B
← pliure dans droit fil →

Ciel

L'éditeur remercie chaleureusement Mélanie et Olivier
pour leur gentillesse et la qualité de leur accueil,
Mahaut et Balthazar, adorables mannequins d'un jour, pour leur joyeuse participation.